Inhalt

Zeitformen

Autor: Sven Gleichauf

LS 01	Unregelmäßige Verben finden und vielfältig üben	5
LS 02	Die Zeitstufe Präteritum kooperativ erarbeiten	9
LS 03	Zeitstufen vergleichen und die Perfektbildung automatisieren	14
LS 04	Mit dem Futur spielerisch in die Zukunft blicken	19
LS 05	Zeitanzeigende Wörter in einem Ideenspeicher orden	24
LS 06	Fehlerschwerpunkte selbstständig ermitteln und gezielt üben	28
LS 07	Ein Gedicht in eine Geschichte verwandeln	33

Wörtliche Rede

Autor: Sven Gleichauf

LS 01	Die wörtliche Rede verstehen und erproben	35
LS 02	Eine Mindmap zum Wortfeld „sagen" anlegen und nutzen	40
LS 03	Eine Sonderform der wörtlichen Rede entdecken	45
LS 04	Eine Lerntheke zielgerichtet nutzen	50
LS 05	Aus einem Dialog eine Geschichte entwickeln	57
LS 06	Eine Fabel nacherzählen und mit wörtlicher Rede ausschmücken	62
LS 07	Die indirekte Rede mit der Expertenmethode erarbeiten	67
LS 08	Ein Interview zu Berufen durchführen und darüber berichten	73

Der Autor:

Sven Gleichauf ist Lehrer an einer Grundschule.

Er absolvierte die Ausbildung zum Trainer für die Pädagogische Schulentwicklung bei Dr. Klippert im Staatlichen Schulamt Markdorf in Baden-Württemberg.

Inhalt

Lerneinheit 1: Zeitformen

A Vorwissen und Voreinstellungen aktivieren

LS01 Unregelmäßige Verben finden und vielfältig üben
▶ einem Lehrervortrag folgen und sich aktiv an der Erarbeitung der Konjugation regelmäßiger Verben beteiligen ▶ in Einzelarbeit sich selbst prüfen ▶ im Doppelkreis einem Partner die Konjugation regelmäßiger Verben erläutern ▶ im Rahmen einer Inputphase an vorhandenes Wissen anknüpfen ▶ mit einer Gruppe regelmäßige Verben in einer Liste markieren ▶ in einem Team eine Tabelle anlegen und füllen ▶ gemeinsam mit neuen Partnern die eigene Arbeit überprüfen und sich beraten ▶ Spielregeln kooperativ erlesen und die Beugung unregelmäßiger Verben spielerisch einüben

B Neue Kenntnisse und Verfahrensweisen erarbeiten

LS02 Die Zeitstufe Präteritum kooperativ erarbeiten
▶ mit einem Partner Verben in einem Text finden ▶ nach der Trial-and-Error-Methode Verben versuchsweise umformen ▶ im Tandem Merkmale der Zeitform Präteritum markieren ▶ in einer Gruppe Arbeitsergebnisse vergleichen ▶ mit einem Team einen Merksatz puzzeln und Beispiele dazu finden ▶ sich an einer Stafettenpräsentation beteiligen ▶ mit einem Partner oder alleine neu erworbene Kenntnisse bei einer Bearbeitungsaufgabe erproben

LS03 Zeitstufen vergleichen und die Perfektbildung automatisieren
▶ sich an einem Erarbeitungsgespräch beteiligen und einem Lehrervortrag folgen ▶ in Einzelarbeit sich selbst prüfen ▶ im Doppelkreis einem Partner die Bildung des Perfekts erläutern ▶ in einer Zufallsgruppe Verben im Perfekt konjugieren ▶ mit einem neu gebildeten Team Arbeitsergebnisse überprüfen und sich beraten ▶ neu erworbenes Wissen mit dem Spiel Perfekt-Sextett automatisieren

LS04 Mit dem Futur spielerisch in die Zukunft blicken
▶ sich die Regeln für die Bildung des Futurs selbstständig erarbeiten und sich selbst prüfen ▶ in einer Zufallsgruppe Arbeitsergebnisse vergleichen, nachfragen und erklären ▶ mit einem Team eine Übungsaufgabe lösen ▶ auf dem „Marktplatz" ein Thema auswählen und Partner finden ▶ mit einem Team „Zukunftsideen" sammeln und in einer Mindmap ordnen ▶ einen Text im Futur verfassen ▶ eine Schreibkonferenz durchführen ▶ im Plenum den eigenen Text vorlesen oder vorspielen

LS05 Zeitanzeigende Wörter in einem Ideenspeicher ordnen
▶ zeitanzeigende Wörter kennenlernen und einer Zeitstufe zuordnen ▶ einen Spickzettel mit Zeitangaben in Einzelarbeit anlegen ▶ mit einer Zufallsgruppe ein Assoziationsspiel durchführen ▶ in einem Tandem Zeitangaben in einem Text markieren ▶ in einer Zufallsgruppe Arbeitsergebnisse kontrollieren und einen Wortspeicher anlegen ▶ in Einzelarbeit Sätze mit Zeitangaben in unterschiedlichen Zeitformen bilden

C Komplexe Anwendungs- und Transferaufgaben

LS06 Fehlerschwerpunkte selbstständig ermitteln und gezielt üben
▶ das eigene Wissen und Können selbst einschätzen ▶ eine Selbstüberprüfung zu den einzelnen Zeitformen durchführen ▶ einen Test kooperativ kontrollieren ▶ sich im Team in Bezug auf die Arbeitsplanung beraten ▶ dem Überblick des Lehrers über das Lernangebot folgen ▶ selbstständig Partner mit dem gleichen Arbeitsschwerpunkt bilden ▶ mit einem Team geeignete Übungen und Spiele auswählen und durchführen ▶ über die eigene Arbeit in einer Kleingruppe bilanzieren

LS07 Ein Gedicht in eine Geschichte verwandeln
▶ ein Gedicht anhören und inhaltlich erfassen ▶ im Plenum Verben zu einem Abschnitt des Gedichtes sammeln ▶ eine Erzählkarte in Einzelarbeit erstellen ▶ im Tandem Erzählkarten vergleichen und optimieren ▶ mit einem Partner Verben vom Präsens ins Präteritum umformen ▶ einer Zufallsgruppe eine Geschichte erzählen und Feedback bekommen ▶ in Einzelarbeit einen Entwurf der eigenen Geschichte schriftlich anfertigen ▶ die eigene Geschichte dem Team vorlesen ▶ Tipps zu fremden Geschichten geben und deren Erzählzeit überprüfen

---

Abkürzungen und Siglen

LS = Lernspirale
EA = Einzelarbeit
PA = Partnerarbeit
DK = Doppelkreis
GA = Gruppenarbeit
PL = Plenum
HA = Hausaufgabe
OHP = Overheadprojektor
L = Lehrerin oder Lehrer
S = Schülerinnen und Schüler

In den Erläuterungen zur Lernspirale wird für Lehrerinnen und Lehrer bzw. Schülerinnen und Schüler ausschließlich die männliche Form verwendet: Dabei ist die weibliche Form stets mitgemeint.

Lerneinheit 2: Wörtliche Rede

A Vorwissen und Voreinstellungen aktivieren

LS01 **Die wörtliche Rede verstehen und erproben**
▶ einem Lehrervortrag folgen und sich aktiv in die Erarbeitung der wörtlichen Rede einbringen ▶ in Einzelarbeit einen Spickzettel verfassen ▶ im Doppelkreis einem Partner Regeln erläutern ▶ mit einem Tandempartner einen Dialog ordnen und Gelerntes zur Zeichensetzung anwenden ▶ Lösungen in einer wachsenden Gruppe austauschen und selbst einen Dialog erfinden ▶ mit einem Team den selbst erfundenen Dialog präsentieren und die Regeln der direkten Rede vor der Klasse erläutern ▶ Feedback geben

B Neue Kenntnisse und Verfahrensweisen erarbeiten

LS02 **Eine Mindmap zum Wortfeld „sagen" anlegen und nutzen**
▶ sich an einem kurzen Ratespiel im Plenum beteiligen und einem Lehrervortrag folgen ▶ einen Spickzettel verfassen und sich mit einem Nachbarn austauschen ▶ im Team Wörter aus dem Wortfeld „sagen" kategorisieren, markieren und eine Mindmap anlegen ▶ in einer Gruppe Arbeitsergebnisse vergleichen und ein Spiel zum Wortfeld regelgebunden spielen ▶ mit einem Partner die selbsterstellte Mindmap zur Lösung einer Aufgabe nutzen

LS03 **Eine Sonderform der wörtlichen Rede entdecken**
▶ nach dem Trial-and-Error-Prinzip eine Bearbeitungsaufgabe lösen ▶ im Tandem sich einen Merksatz erarbeiten ▶ mit einem Partner die erarbeiteten Regeln erproben ▶ in einer Zufallsgruppe Arbeitsergebnisse vergleichen und sich gegenseitig beraten ▶ mit einem Team selbst Sätze mit wörtlicher Rede mit eingeschobenem Begleitsatz konstruieren ▶ eine Präsentation zum Thema planen ▶ eine Reihenpräsentation durchführen ▶ in Einzelarbeit neu erworbenes Wissen anwenden und einüben

LS04 **Eine Lerntheke zielgerichtet nutzen**
▶ der Kurzbeschreibung des Lehrers zur Lerntheke folgen ▶ sich in Einzelarbeit einen Überblick über das Angebot verschaffen ▶ die eigene Arbeit planen und für die ausgewählte Aufgabe Lernpartner suchen ▶ Wahlaufgaben bearbeiten ▶ in Zufallsgruppen Bericht über die eigene Arbeit und deren Ergebnisse erstatten ▶ Zufallspartner zum Lernprozess befragen oder Tipps geben ▶ in Einzelarbeit Bilanzbogen ausfüllen und einen Vorsatz fassen ▶ im Plenum eigene Bilanz präsentieren ▶ den Präsentatoren Feedback geben

LS05 **Aus einem Dialog eine Geschichte entwickeln**
▶ in einem Sachtext Argumente finden und markieren ▶ eine Liste mit Argumenten stichwortartig anlegen ▶ mit einem Zufallspartner Argumente anreichern ▶ in der Zufallsgruppe Argumente und Gegenargumente austauschen ▶ im Team einen Dialog entwickeln ▶ in Einzelarbeit eine Geschichte verfassen und dabei ein Strukturmuster nutzen ▶ sich im Team beraten ▶ Arbeitsergebnisse vor der Klasse präsentieren

LS06 **Eine Fabel nacherzählen und mit wörtlicher Rede ausschmücken**
▶ einem Lehrervortrag folgen und sich dabei Stichworte aufschreiben ▶ selbst einen Spickzettel anfertigen ▶ in Zufallstandems Notizen vergleichen und komplettieren ▶ mit einem Partner Sprechsätze für die Fabel erfinden ▶ anhand von Stichworten einer Kleingruppe eine Fabel erzählen ▶ in Einzelarbeit aus Stichworten einen Text erstellen ▶ in einer Zufallsgruppe eine Schreibkonferenz durchführen

C Komplexe Anwendungs- und Transferaufgaben

LS07 **Die indirekte Rede mit der Expertenmethode erarbeiten**
▶ einen Basistext zur indirekten Rede zunächst alleine und dann kooperativ erschließen ▶ im Expertenteam Aufgaben zum eigenen Schwerpunkt bearbeiten und einen Spickzettel anlegen ▶ im Gruppenpuzzle Mitschüler informieren ▶ im Team eine Präsentation vorbereiten ▶ kooperativ präsentieren ▶ im Tandem eine Bearbeitungsaufgabe lösen und anschließend kontrollieren

LS08 **Ein Interview zu Berufen durchführen und darüber berichten**
▶ einem Lehrervortrag folgen ▶ in Einzelarbeit neu erworbenes Wissen erproben ▶ mit einem Tandempartner Aufgaben prüfen und offene Fragen klären ▶ mit einem Partner die Methode „Schnittmenge" anwenden ▶ in einem Team Ideen austauschen und einen Interviewbogen erstellen ▶ im Team einen Experten befragen ▶ kooperativ einen Bericht verfassen

---

Hinweis zum Zeitansatz

Eine Lernspirale ist für 90 (45) Minuten konzipiert. Je nach Größe und Leistungsstärke der Lerngruppe muss der Zeitansatz, der im Stundenraster für jeden Arbeitsschritt ausgewiesen ist, entsprechend angepasst werden.

Beispiel zum Aufbau der Lernspiralen

LS 01.M2

Verweis auf die Aufgabe in der Kopiervorlage: **A3**

Verweis auf die Lernspirale und das Material

		Zeit	Lernaktivitäten	Material	Kompetenzen
1	EA	10'	S füllen einen Steckbrief aus.	M1.A1	– Stichpunkte machen
2	PL/PA	5'	S führen beim Spiel *music stop* Kennenlerndialoge und benutzen dabei zunächst Fragekärtchen als Hilfestellung.	M1.A2, M2	– Fragen in vollständigen Sätzen beantworten
3	PL/PA	5'	S setzen das Spiel ohne Fragekärtchen fort.		– Aussagen über die eigene Person formulieren
4	EA	5'	S bereiten einen Kurzvortrag über sich vor.	M1.A3	
5	GA	15'	Simultanpräsentation: S stellen sich in Gruppen vor.		
6	PL	5'	Zwei S stellen sich vor der Klasse vor.		

- Arbeitsschritte
- Unterschiedliche Sozialformen
- Hinweise zum Zeitbedarf
- Vielfältige Lernaktivitäten und Methodenanwendungen der Schüler
- Verweis auf das Material und die Aufgaben in den Kopiervorlagen
- Kompetenzen, die die Schüler erwerben können

Notizen:

LS 01 Unregelmäßige Verben finden und vielfältig üben

		Zeitrichtwert	Lernaktivitäten	Material	Kompetenzen
1	PL	5'	L erläutert den Ablauf der Lernspirale.		– einem Lehrervortrag folgen und sich aktiv an der Erarbeitung beteiligen – einem Partner etwas erklären – aktiv zuhören – kommunizieren – markieren – eine Tabelle anlegen – sich gegenseitig kontrollieren und beraten – Spielregeln selbstständig erarbeiten – ein Spiel regelgebunden spielen
2	PL	10'	Erarbeitung der regelmäßigen Konjugation von Verben im Präsens anhand dreier Beispiele.	Tafel	
3	EA	5'	S füllen die Tabelle und markieren die sich ändernden Endungen mit Textmarker.	M1.A1–4, Textmarker	
4	PA	10'	S erläutern sich im Doppelkreis die Konjugation regelmäßiger Verben anhand ihrer Beispiele.	M1	
5	PL	10'	L präsentiert unregelmäßige Verben. Die Konjugation dieser wird an der Tafel visualisiert.	Tafel	
6	GA	25'	S markieren zunächst regelmäßige Verben in der Liste (M2). Dann zeichnen sie Konjugationstabellen und füllen diese mit den nicht regelmäßigen Verben.	M2.A1–4, Papier	
7	GA	25'	S vergleichen Arbeitsergebnisse aus dem vorigen Schritt. Dann lesen sie die Spielregeln auf M3 und spielen das Konjugationsspiel.	M3, Tabelle aus Schritt 6	

Erläuterungen zur Lernspirale

Ziel der Doppelstunde ist es, der Klasse die Veränderbarkeit von Verben in Bezug auf das Merkmal „Person" bewusst zu machen. Deshalb wird ein Schwerpunkt auf die Präsensform gelegt. Zu Beginn befasst sich diese Lerneinheit mit regelmäßigen Verben. Basierend auf dem erworbenen Wissen soll dann eine Sammlung häufig vorkommender unregelmäßiger Verben entstehen.

Zum Ablauf im Einzelnen:

Im **1. Arbeitsschritt** erläutert der Lehrer das Vorgehen für die folgende Lernspirale.

Für den **2. Arbeitsschritt** ist eine Inputphase vorgesehen, in deren Rahmen der Lehrer auf die zeit- und personenanzeigende Eigenschaft von Verben aufmerksam macht. Die Endungen der unterschiedlichen Personalformen bei regelmäßigen Verben im Präsens werden anhand der Beispiele „sagen – machen – erklären" erarbeitet. Dazu wird eine Tabelle (wie in M1) an die Tafel gezeichnet. Die Verben werden in den unterschiedlichen Personalformen eingetragen und die Endungen farbig markiert.

Im **3. Arbeitsschritt** prüfen die Kinder in Einzelarbeit, ob sie die regelmäßige Konjugation von Verben im Präsens verstanden haben. Sie füllen die Tabelle aus und markieren die sich ändernden Endungen mit Textmarker oder Buntstift. Die Beschriftung von M1 macht dabei bereits kenntlich, wer in der anschließenden Nachhilfephase im Innen- und im Außenkreis steht.

Im **4. Arbeitsschritt** bildet die Klasse entsprechend der Beschriftung einen Doppelkreis. Alle Kinder des Außenkreises beginnen anhand ihrer Beispielsätze, dem jeweiligen Partner des Innenkreises die Bildung der Personalformen regelmäßiger Verben im Präsens anhand ihrer Beispiele zu erläutern. Auf ein Signal hin wird zum nächsten Partner gewechselt. Nun ist der Innenkreis dran.

Im **5. Arbeitsschritt** zeigt der Lehrer anhand von drei Beispielen auf, dass es auch Verben gibt, bei welchen die Verben nicht regelmäßig gebeugt werden (z.B. geben – sollen – lassen). Gemeinsam werden die Wörter konjugiert. Diesen Prozess visualisiert der Lehrer, indem er eine Tabelle an die Tafel zeichnet und diese gemeinsam mit der Klasse befüllt.

Danach werden im **6. Arbeitsschritt** Gruppen zu je drei Kindern ausgelost. Diese markieren in M2 alle Verben, die regelmäßig konjugiert werden können. Danach legen sie Tabellen an (wie an der Tafel) und füllen diese mit Wörtern aus, welche nicht markiert wurden. Die Tabelle benötigt jedes Kind für die folgende Phase.

Für den **7. Arbeitsschritt** werden neue Gruppen ausgelost, möglichst so, dass kein Kind einen Partner aus dem vorigen Arbeitsschritt in seinem Team hat. Die Kinder vergleichen ihre Arbeitsergebnisse aus dem vorigen Schritt und beraten sich. Dann lesen sie die Spielregeln auf M3 durch und spielen das Konjugationsspiel.

✓ Merkposten

M1 wird vorab vom Lehrer im halben Klassensatz kopiert und zugeschnitten. Jeweils die Hälfte der S erhält den oberen bzw. den unteren Abschnitt.

M2 und M3 werden für jede Gruppe einmal benötigt.

Für die Bildung der Zufallsgruppen müssen Losgegenstände bereitgehalten werden.

Hinweis

Die in der Lernspirale verwendeten Wörter sind in der Mehrzahl aus den 30 häufigsten Verben der deutschen Sprache ausgewählt.

LS 01.M1 Zeitformen

01 Unregelmäßige Verben finden und vielfältig üben

Regelmäßige Verben – Innenkreis

A1 Fülle die Tabelle im Präsens/Gegenwart aus.

A2 Markiere, was sich bei regelmäßigen Verben ändert.

A3 Überlege, wie du erklären kannst, wie man regelmäßige Verben konjugiert.

A4 Schon fertig? Dann überlege, ob dir ein regelmäßiges Verb einfällt und fülle die graue Spalte damit.

	hören	tauschen	
ich			
du			
er/sie/es			
wir			
ihr			
sie/Sie			

Regelmäßige Verben – Außenkreis

A1 Fülle die Tabelle im Präsens/Gegenwart aus.

A2 Markiere, was sich bei regelmäßigen Verben ändert.

A3 Überlege, wie du erklären kannst, wie man regelmäßige Verben konjugiert.

A4 Schon fertig? Dann überlege, ob dir ein regelmäßiges Verb einfällt und fülle die graue Spalte damit.

	zeigen	lieben	
ich			
du			
er/sie/es			
wir			
ihr			
sie/Sie			

Regelmäßige und unregelmäßige Verben

A1 Markiert zuerst gemeinsam alle regelmäßigen Verben. <u>Tipp:</u> Es sind 14.

A2 Jedes Teammitglied legt nun eine Tabelle für 5 Verben an (Querformat).

A3 Jetzt sucht sich jedes Teammitglied 5 unregelmäßige Verben aus und trägt sie in die erste Zeile der Tabelle ein.

A4 Füllt nun gemeinsam eure Tabellen aus.

haben	kochen	malen
essen	kaufen	müssen
halten	gelten	brauchen
sehen	können	erhalten
fragen	holen	nehmen
werden	wissen	spielen
dürfen	wollen	arbeiten
glauben	hören	schenken
suchen	sein	tanzen

Konjugationspiel mit unregelmäßigen Verben

Spielvorbereitung

Schneidet zuerst die Wortkärtchen aus.
Sucht die Wörter heraus, die in euren Tabellen vorkommen und legt sie als Stapel auf den Tisch (Schrift verdeckt, mischen nicht vergessen).

Das braucht ihr

- 3 verschiedenfarbige Stifte (keine gelben)
- 1 Spielwürfel
- diesen Spielplan (einer reicht)
- eure selbst erstellten Tabellen

So geht das Spiel

- Zuerst zieht ihr 4 Verben vom Stapel und tragt sie oben in die Tabelle ein.
- Nun sucht sich jeder von euch eine Stiftfarbe aus.
- Wer von euch ist am kleinsten? Glückwunsch, du darfst beginnen!
- Würfle mit dem Würfel.
- Nun darfst du eines der Verben aussuchen und es in der gewürfelten Person sagen.
- Wenn du es richtig weißt, darfst du es mit deiner Farbe in die Tabelle eintragen.

> **Beispiel:**
>
> Du würfelst eine **3** und suchst dir das Wort **werden** aus.
>
> Also darfst du bei **er, sie, es** „**wird**" aufschreiben.

- Nun ist der Nächste an der Reihe und geht genauso vor.
- Wenn in einer Reihe ein Feld schon belegt ist oder du ein Wort nicht umformen kannst, hast du Pech gehabt. Dann darf der nächste Spieler wieder würfeln.
- Gewonnen hat der Spieler, der am Ende die meisten Felder beschriftet hat.

⚀ ich					
⚁ du					
⚂ er, sie, es					
⚃ wir					
⚄ ihr					
⚅ sie					

LS 02 Die Zeitstufe Präteritum kooperativ erarbeiten

		Zeitrichtwert	Lernaktivitäten	Material	Kompetenzen
1	PL	5'	L gibt einen Überblick über den Ablauf der Einheit.		– mit einem Partner kommunizieren – lesen und markieren – einem Text gezielt Wörter entnehmen und in eine Tabelle eintragen – mit einem Team Aufgaben kontrollieren und sich beraten – sich an einer Stafettenpräsentation beteiligen
2	PA	15'	S lesen den Text M1, markieren alle Verben und tragen diese mit deren Infinitiv in die Tabelle M2 ein. Dann bilden sie in der dritten Spalte das Präteritum.	M1.A1–4, M2	
3	GA	35'	S kontrollieren die Arbeit aus dem vorigen Schritt und markieren in der dritten Spalte, was sich bei den Verben verändert hat. Aus dem Puzzle M3 bildet die Gruppe einen Merksatz und findet weitere Beispiele.	M1.A5, M3, Papierstreifen, Plakatstifte	
4	PL	15'	Stafettenpräsentation: Eine Gruppe erläutert zuerst ihren Merksatz und präsentiert dazu Beispiele. S und L berichtigen bei Bedarf. Danach ergänzen alle übrigen Gruppen durch ihre Beispiele.	M3.A1–2, Wortstreifen	
5	EA/PA	20'	S bearbeiten M4. Teams vergleichen anschließend ihre Arbeit.	Heft, M4	

Erläuterungen zur Lernspirale

Ziel der Doppelstunde ist es, nachdem die Konjugierbarkeit von Verben bereits Gegenstand der vorigen Lerneinheit war, sich nun kleinschrittig mit der Zeitstufe Präteritum auseinanderzusetzen. Da die Zeitform des Präteritums in erster Linie im schriftlichen Sprachgebrauch Verwendung findet, liegt es nahe, auch im Unterricht zunächst einen Zugang über einen Text zu schaffen bzw. im Kontext eines Textes zu üben. Um die Erarbeitung etwas zu vereinfachen, sind die Verben in den Texten hauptsächlich in der dritten Person gefasst.

Zum Ablauf im Einzelnen:
Im **1. Arbeitsschritt** erläutert der Lehrer das Vorgehen für die folgende Lernspirale.

Für den **2. Arbeitsschritt** werden per Los Tandems gebildet. Zunächst haben die Kinder die Aufgabe, in Partnerarbeit alle Verben im Text (M1) zu markieren, diese in der Tabelle (M2) bei „Präsens/Gegenwart" einzutragen und die Grundform dieser Verben zu notieren. Anschließend soll im Trial-and-error-Verfahren das Präteritum gebildet werden. Um möglichst auszuschließen, dass die Kinder die Perfektform verwenden, sind bereits drei Beispiele exemplarisch in der Tabelle erfasst. Tandems, die schnell mit der Arbeit fertig sind, können weitere Verben aufschreiben.

Im **3. Arbeitsschritt** werden Gruppen zu je drei oder vier Kindern ausgelost. Nachdem die Teams ihre Wörterlisten aus dem vorigen Arbeitsschritt auf Vollständigkeit überprüft haben, markieren sie diejenigen Buchstaben der Präteritumswörter, welche sich gegenüber der Präsensform verändert haben bzw. hinzugekommen sind. Anschließend erstellen sie aus dem Puzzle (M3) einen Merksatz und finden weitere passende Beispiele. Zuletzt wird noch die bevorstehende Präsentation vorbereitet, indem die Beispielwörter und die dazugehörigen Personalpronomen auf Papierstreifen geschrieben werden. Auch bei den Satzstreifen werden die entscheidenen Stellen der Verben in der Vergangenheitsform farbig hervorgehoben. Um die Präsentation nicht in die Länge zu ziehen, ist es wichtig, dass die Gruppen für jedes Mitglied höchstens zwei Beispiele vorbereiten.

Für den **4. Arbeitsschritt** ist eine Stafettenpräsentation vorgesehen. Dafür stellt sich die Klasse in einem Halbkreis vor der Tafel auf. Eine ausgeloste oder vom Lehrer bestimmte Gruppe erläutert die Regeln, die für die Bildung des Präteritums gelten, und untermauert diese mit ihren Beispielen. Nach einem kurzen Feedback durch den Lehrer ergänzen alle übrigen Kinder der Klasse das Tafelbild durch ihre Beispiele.

Der **5. Arbeitsschritt** dient als Transfer- und Übungsphase. Die Kinder füllen den Lückentext (M4) mit den unten vorgegebenen Verben so aus, dass ein Text im Präteritum entsteht. Sie arbeiten wahlweise alleine oder mit einem Partner zusammen.

✓ Merkposten

Da jedes Tandem einmal Text M1 erhält, wird dieser im halben Klassensatz benötigt. M2 und M3 erhält jedes Kind. Die Wortstreifen bereitet man am besten vor, indem man A4-Papier einmal senkrecht durchschneidet. Man benötigt mit Reserve also etwas mehr als einen Klassensatz A4-Papier.

Geeignete Utensilien für die Auslosung der Tandems, Gruppen und Präsentatoren sind bereitzuhalten.

02 Die Zeitstufe Präteritum kooperativ erarbeiten

A1 Lest den Text und markiert alle Verben (Tunwörter).

Kleine Hexe Zauberfix

In einer großen Stadt lebt ganz unbemerkt
eine brave Hexe mit dem Namen Zauberfix.
Mit 115 Jahren ist sie für eine Hexe noch sehr jung.
Sie gestaltet sich eine Wohnung ganz nach ihren Wünschen.
Diese befindet sich in einem Haus,
in dem noch viele andere Menschen wohnen.
Am Tage lebt sie wie andere Kinder und spielt mit den Nachbarn.
Natürlich kauft sie auch wie alle anderen Menschen ein,
wäscht ihre Röcke und bügelt sie danach.
Nur in ihrer Wohnung zaubert sie manchmal ein wenig,
denn sie kocht nicht gerne.
Wenn spät nachts auf der Straße keine Leute mehr sind,
fliegt sie mit ihrem Besen ein paar Runden.
Sie fliegt dann immer kreuz und quer über den Verkehr
oder unterhält sich mit den Vögeln,
die hoch oben in den Bäumen ihre Lieder pfeifen.
Wenn es aber wieder hell wird, verschwindet sie schnell,
weil niemand weiß, dass sie eine Hexe ist.
Wenn wir nachts genau aufpassen und in den Himmel schauen,
sehen wir sie mit etwas Glück.

A2 Tragt alle Wörter in der Grundform und im Präsens (Gegenwart) in die Tabelle ein.
Beim Präsens müsst ihr an das passende Personalpronomen (persönliches Fürwort) denken
(ich, du, er, sie,...).

A3 Markiert zuerst bei den Verben, die bereits in der dritten Spalte der Tabelle stehen,
die Buchstaben, die sich ändern, wenn man aus der Präsens- die Präteritumsfom bildet.

A4 Setzt nun alle anderen Wörter des Textes ins Präteritum (1. Vergangenheit).
Denkt auch hier an das persönliche Fürwort.

A5 Markiert bei allen Wörtern der dritten Tabellenspalte, was sich im Vergleich zum Präsens
verändert hat.

Kleine Hexe Zauberfix – Verben sammeln

Grundform	Präsens (Gegenwart)	Präteritum (Vergangenheit 1)
leben	sie lebt	sie lebte
sein	sie ist	sie war
	sie gestaltet	sie gestaltete
	sie befindet sich	sie befand sich

LS 02.M3 Zeitformen

Einen Merksatz puzzeln und Beispiele finden

A1 Trennt die Puzzlestreifen unten ab und schneidet sie aus.

A2 Setzt daraus einen Merksatz zusammen.

Tipp:
Zwei Wörter aus dem Merksatz sind für die Tabelle gedacht.
Füllt nun die Tabelle mit den zwei Beispielen aus. Markiert die wichtigen Stellen.

	Beispiel für regelmäßige Verben		Beispiel für unregelmäßige Verben	
	Präsens	Präteritum	Präsens	Präteritum
ich				
du				
er, sie, es				
wir				
ihr				
sie				

✂ --- ✂

1 Das Präteritum wird	man es auch Erzählzeitform.	Person das Verb steht.
verwendet das Präteritum	vor allem beim schriftlichen Erzählen. Daher nennt	
auch Vergangenheit 1 genannt. Man	Bei unregelmäßigen Verben ändert	
Fabeln, Märchen, Nacherzählungen, Berichte und die	Bei regelmäßigen	
meisten Geschichten werden in dieser Zeitform geschrieben.	schwimmen	
Verben wird bei der Präsensform ein -t-, ein -e-, ein -te- oder ein -et	malen	
eingefügt. Je nachdem, in welcher	sich oft der Selbstlaut im Inneren des Verbs.	

Verben im Präterium in einen Text einfügen

Setze die Wörter in Klammern ins Präteritum (1. Vergangenheit).

Die versunkene Glocke

Im Nachbarland von Schilda _____ (ist) Krieg. In Schilda _____ (herrscht) zwar kein Krieg, aber die Bürger der Stadt _____ (haben) trotzdem Angst um ihre wertvolle Glocke. So _____ (bestimmen) die Ratsherren der Schildbürger, dass die Glocke ihrer Kirche in ein Versteck _____ (muss).

Alle Bürger _____ (stellen) sich nun eine bange Frage: Wo _____ (soll) diese schwere Bronzeglocke, die zudem noch ziemlich groß _____ (ist), nur hin? Natürlich _____ (finden) sie auch für dieses Problem eine Lösung.

In der Nähe des kleinen Städtchens _____ (liegt) nämlich ein See. Den _____ (kennt) kaum jemand, und tief _____ (ist) er auch noch. Auf dem Grund des Sees _____ (ist) sie für Fremde quasi unauffindbar. Sie _____ (holen) die Glocke also aus dem Kirchturm und _____ (schaffen) sie zu einem Boot.

Schon _____ (geht) es mit ganzer Kraft hinaus auf den See. Bald _____ (rollen) sie Männer die Glocke zum Bootsrand, _____ (werfen) sie ins Wasser und schwups _____ (ist) sie im tiefen See verschwunden.

Nun _____ (zieht) der Schmied sein Messer aus der Jackentasche und _____ (schneidet) eine dicke Kerbe in den Bootsrand. Die übrigen Männer _____ (interessieren) sich dafür, was er da _____ (tut). Er _____ (erklärt) es ihnen stolz.

Die Kerbe _____ (markiert) die Stelle im See, an der sich die Glocke _____ (befindet). Alle _____ (loben) den Verstand des Schmieds.

Da es doch keinen Krieg in Schilda _____ (gibt), _____ (fahren) sie wieder im Boot mit der Kerbe auf den See. Die Glocke _____ (soll) schließlich wieder in den Kirchturm. Doch die Suche nach der Glocke _____ (gestaltet) sich schwierig. Die Kerbe im Bootsrand _____ (ist) keine gute Hilfe. Denn sie _____ (befindet) sich ja immer dort, wo gerade das Boot _____ (ist). Und so _____ (taucht) die Glocke nie wieder auf.

LS 03 Zeitstufen vergleichen und die Perfektbildung automatisieren

		Zeitrichtwert	Lernaktivitäten	Material	Kompetenzen
1	PL	5'	L erläutert den Ablauf der Stunde.		– aktiv zuhören – markieren – erklären und beraten – kommunizieren und – kooperieren – sich gegenseitig kontrollieren und beraten – ein Spiel regelgebunden spielen
2	PL	15'	S äußern sich zur Frage „Was hast du gestern gemacht?" im Perfekt. Ein S notiert Aussagen an der Tafel, L schreibt diese simultan im Präteritum an. Anhand der Beispiele werden Verwendung und Bildung des Perfekts erarbeitet.	Tafel	
3	EA	10'	S füllen M1 und markieren relevante Merkmale.	M1.A1–2	
4	PA	10'	S erläutern sich im Doppelkreis die Bildung des Perfekts anhand ihrer Beispiele.	M1	
5	GA	20'	S füllen die Tabellen M2 und markieren.	M2	
6	GA	30'	S kontrollieren M2 und spielen „Perfekt-Sextett".	M2, M3	

✓ Merkposten

M1 wird im halben Klassensatz kopiert und halbiert, sodass jeweils die Hälfte der Klasse einen Abschnitt erhält. M2 wird für jedes Kind benötigt. Die Spielkarten M3 werden für jede Gruppe benötigt. Sie werden am besten auf kartoniertes Papier kopiert und vorab laminiert und ausgeschnitten.

Tipp

Soll auf einen Arbeitsschritt mit Dreiergruppen eine weitere Phase mit der gleichen Gruppengröße, aber neuen Partnern folgen, ist dies effizient und einfach wie folgt zu bewerkstelligen: Jeweils ein Gruppenmitglied wechselt im Uhrzeigersinn zum nächsten Gruppentisch, ein weiteres geht zwei Gruppentische weiter und das dritte bleibt sitzen.

Erläuterungen zur Lernspirale

Ziel der Doppelstunde ist es, den Kindern durch die Gegenüberstellung von Perfekt und Präteritum zum einen aufzuzeigen, dass es mehrerere Vergangenheitsformen gibt und zum anderen ein Verständnis dafür zu schaffen, dass diese nicht beliebig, sondern situationsabhängig eingesetzt werden. Im weiteren Verlauf der Lerneinheit soll dann ein Schwerpunkt auf die Perfektbildung gelegt werden. Um die Kinder nicht zu überfordern, wurde hier ein vereinfachter Zuschnitt gewählt, welcher nicht alle Ausnahmen berücksichtigt. In Bezug auf das Perfekt ist für die Grundschule v. a. die gesprochene Sprache sowie deren schriftliche Wiedergabe relevant.

Zum Ablauf im Einzelnen:

Im **1. Arbeitsschritt** erläutert der Lehrer den Kindern den Verlauf der Lernspirale.

Für den **2. Arbeitsschritt** ist eine Erarbeitungsphase vorgesehen. Im Plenum äußern sich die Kinder zunächst zur Fragestellung „Was hast du gestern Nachmittag gemacht?". Dadurch, dass es dem alltäglichen Sprachgebrauch entspricht, wenn man Vergangenes mündlich ausdrücken will, werden die Kinder aller Wahrscheinlichkeit nach im Tempus Perfekt antworten. Ein Kind wird zum Helfer des Lehrers bestimmt und schreibt die Äußerungen der Antwortenden wörtlich und in ganzen Sätzen an die Tafel (Überschrift: „Interview mit der Klasse xy"). Simultan dazu notiert der Lehrer die Antwort im Präteritum daneben (Überschrift: „Freizeitbericht der Klasse xy"). Durch die Gegenüberstellung wird für die Kinder ersichtlich, dass es mehr als nur eine Möglichkeit gibt, die Vergangenheit auszudrücken. Die „neue" Zeitstufe wird benannt und ihre Verwendung kurz besprochen. Anschließend wird die Bildung der Zeitstufe Perfekt anhand der Beispiele an der Tafel untersucht und die Merkmale hervorgehoben (eine Form von haben/sein + ge- + Wortstamm + Endung -t/-en). Dabei wird erwähnt, dass die Endung „-en" bei regelmäßigen Verben verwendet wird und dass die Form von „sein" in der Regel nur bei einer Zustandsänderung („Ich bin gewachsen.") oder einem Ortswechsel („Ich bin nach Hause gelaufen.") verwendet wird.

Im **3. Arbeitsschritt** überprüfen die Kinder in Einzelarbeit, ob sie die Bildung des Perfekts verstanden haben, indem sie M1 ausfüllen und Merkmale des Perfekts markieren.

Im **4. Arbeitsschritt** bildet die Klasse entsprechend der Beschriftung von M1 einen Doppelkreis. Die Kinder des Innenkreises beginnen anhand von M1, ihrem Partner die Bildung des Perfekts anhand ihrer Beispiele zu erläutern. Auf ein Signal hin wird zum nächsten Partner gewechselt. Danach ist der Außenkreis dran.

Mithilfe von Losmaterial werden im **5. Arbeitsschritt** Gruppen zu je drei Kindern gebildet. Gemeinsam werden die Tabellen auf M3 gefüllt.

Zur Vorbereitung des **6. Arbeitsschrittes** werden wieder Dreiergruppen gebildet, und zwar so, dass jedes Kind zwei neue Partner erhält. Gemeinsam kontrollieren die Teams zunächst ihre Arbeit aus der vorigen Phase. Dieser Schritt ist wesentlich, da die Tabellen als Kontrollbogen für das folgende Spiel „Perfekt-Sextett" dienen. Nachdem die Kinder sich in den vorangegangenen Phasen intensiv mit der Perfektbildung auseinandergesetzt haben, dient dies nun der Automatisierung. Das Perfekt-Sextett wird vorab vom Lehrer erklärt und nach den üblichen Quartettregeln gespielt.

03 Zeitstufen vergleichen und die Perfektbildung automatisieren

Kann ich das Perfekt perfekt? – Innenkreis

A1 Bilde aus der Grundform das Perfekt in der angegebenen Person.

A2 Streiche bei der Grundform durch, was wegfällt und markiere, was du für das Perfekt brauchst! Schaue dir vorher das Beispiel noch einmal genau an.

Grundform	Person	Hilfsverb	Partizip
sag~~en~~:	Maja	hat	gesagt .
sagen:	Die Eltern	_____	_____ .
loben:	Der Lehrer	_____	_____ .
flüstern:	Ich	_____	_____ .
machen:	Philip und ich	_____	_____ .
holen:	Ihr	_____	_____ .
lassen:	Du	_____	_____ .
schnarchen:	Die Kinder	_____	_____ .

Kann ich das Perfekt perfekt? – Außenkreis

A1 Bilde aus der Grundform das Perfekt in der angegebenen Person.

A2 Streiche bei der Grundform durch, was wegfällt und markiere, was du für das Perfekt brauchst! Schaue dir vorher das Beispiel noch einmal genau an.

Grundform	Person	Hilfsverb	Partizip
sag~~en~~:	Maja	hat	gesagt .
sagen:	Die Eltern	_____	_____ .
fragen:	Roxana	_____	_____ .
spielen:	Ich	_____	_____ .
hören:	Julian und ich	_____	_____ .
heißen:	Ihr	_____	_____ .
schubsen:	Du	_____	_____ .
lügen:	Die Kinder	_____	_____ .

LS 03.M2 — Zeitformen

Verben im Perfekt konjugieren

stehen
ich	
du	
er, sie, es	
wir	
ihr	
sie	

zeigen
ich	
du	
er, sie, es	
wir	
ihr	
sie	

gehen
ich	
du	
er, sie, es	
wir	
ihr	
sie	

fahren
ich	
du	
er, sie, es	
wir	
ihr	
sie	

haben
ich	
du	
er, sie, es	
wir	
ihr	
sie	

kommen
ich	
du	
er, sie, es	
wir	
ihr	
sie	

ankommen
ich	
du	
er, sie, es	
wir	
ihr	
sie	

angeben
ich	
du	
er, sie, es	
wir	
ihr	
sie	

Perfekt-Sextett

Sextett-Regeln

Die Karten werden gemischt und gleichmäßig an alle Spieler verteilt (bei 3 Mitspielern bekommt also jeder 16 Karten). Zuerst schaut sich jeder Spieler seine Karten an.

Sollte ein Spieler bereits jetzt schon ein Sextett besitzen (alle 6 Karten eines Wortes), darf er es sofort zur Seite legen.

Der Älteste Mitspieler darf beginnen. Er fragt nun einen beliebigen Mitspieler nach einer Karte, die ihm für ein Sextett fehlt. Etwa so: „Hast du die ICH-Karte von „kommen"?" Wenn der Gefragte die Karte besitzt, muss der Fragende einen Satz im Perfekt (2. Vergangenheit) damit bilden. Bei unserem Beispiel also: „Ich bin gekommen." Ist der Satz richtig, bekommt er diese Karte und darf den gleichen Spieler nochmals nach einer Karte fragen. Wird der Satz aber falsch gebildet oder besitzt der Mitspieler die gewünschte Karte nicht, so ist der Befragte als nächstes an der Reihe.

Gewonnen hat der Spieler, der am Ende die meisten Sextette hat.

Mit den Blanko-Karten könnt ihr euer Sextett-Spiel auch noch um ein Wort erweitern.

ICH ankommen	DU ankommen	ER/SIE/ES ankommen	WIR ankommen	IHR ankommen	SIE ankommen
ICH angeben	DU angeben	ER/SIE/ES angeben	WIR angeben	IHR angeben	SIE angeben
ICH stehen	DU stehen	ER/SIE/ES stehen	WIR stehen	IHR stehen	SIE stehen

LS 03.M3 Zeitformen

LS 04 Mit dem Futur spielerisch in die Zukunft blicken

		Zeitrichtwert	Lernaktivitäten	Material	Kompetenzen
1	PL	5'	L macht den Ablauf transparent.		– sich selbstständig Regeln erarbeiten – fragen und erklären – kooperieren – Selbstkontrollen nutzen – eine Mindmap anlegen – einen Text mithilfe einer Mindmap verfassen – zielgerichtet Texte untersuchen – Feedback geben und annehmen – präsentieren
2	EA	10'	S erlesen M1 und bearbeiten die Aufgaben.	M1.A1–3	
3	GA	10'	S klären gemeinsam die Bildung des Futurs und kontrollieren die Aufgaben von M1. Dann wird gemeinsam M2 bearbeitet und mit der Selbstkontrolle überprüft.	M1, M2.A1–4	
4	GA	15'	S bilden nach der Marktplatz-Methode Teams und legen gemeinsam zum ausgewählten Thema eine Mindmap an.	M3, Papier	
5	EA	30'	S verfassen mithilfe ihrer Mindmap einen Text im Futur.	Mindmap	
6	GA	10'	S beraten sich in Bezug auf die erstellten Texte.	Heft	
7	PL	10'	Einzelne S spielen oder lesen ihren Text vor und erhalten ein Feedback.	Heft	

Erläuterungen zur Lernspirale

Ziel der Doppelstunde ist die Erarbeitung, Übung und Anwendung des Futur 1. Da dieses vergleichsweise einfach zu bilden ist, agieren die Kinder im Rahmen dieser Einheit sehr selbstständig. Da das Futur 1 im mündlichen Sprachgebrauch nur selten eingesetzt wird und es auch in der Schriftsprache eher selten auftaucht, ist es wichtig, gleich bei der Erarbeitung des Futurs Anwendungsmöglichkeiten aufzuzeigen und erproben zu lassen.

Zum Ablauf im Einzelnen:
Im **1. Arbeitsschritt** macht der Lehrer den bevorstehenden Ablauf transparent.

Für den **2. Arbeitsschritt** ist eine Inputphase vorgesehen. Zunächst erlesen die Kinder in Einzelarbeit den Informationstext (M1), betrachten die Beispiele und markieren Auffälliges. Danach füllen sie den Lückentext aus und erproben anhand von vorgegebenen Verben, ob sie in der Lage sind, das Futur zu bilden.

Per Los werden im **3. Arbeitsschritt** Dreiergruppen gebildet. Der Auftrag besteht darin, die Aufgaben aus der vorangegangenen Phase zu vergleichen und die Bildung des Futurs nochmals durchzusprechen. Sind offene Fragen geklärt, bearbeiten die Teams den Auftrag M2. Die gemeinsame Arbeit wird anschließend mit dem Kontrollabschnitt überprüft.

Im **4. Arbeitsschritt** erfolgt die Arbeits- und Partnerauswahl nach der Marktplatz-Methode. Den Kindern stehen hierfür vier verschiedene Angebote zur Verfügung, aus denen sie auswählen können.

Diese werden an verschiedenen Stellen im Klassenzimmer ausgelegt. Kinder, die Schritt drei beendet haben, verschaffen sich einen Überblick über das Angebot und bleiben bei dem gewünschten stehen. Schüler mit den gleichen Interessen schließen sich zu einem Team zusammen, welches aus drei bis vier Mitgliedern bestehen sollte. Nun geht es darum, gemeinsam Ideen für das gewählte Thema zu sammeln. Dazu entwerfen die Teams eine Mindmap. Die skizzierten Mindmaps auf den Auftragskarten sollen ihnen dafür Anregungen bieten. Wichtig ist dabei, dass jedes Kind ein Exemplar der Mindmap anfertigt, da diese im weiteren Verlauf benötigt werden.

Im **5. Arbeitsschritt** verfassen die Kinder in Einzelarbeit einen Text zum jeweiligen Thema in der Zeitstufe Futur. Ihre Mindmap dient ihnen dabei als Ideenspeicher.

Im **6. Arbeitsschritt** finden sich die Kinder, welche zusammen eine Mindmap erarbeitet haben, wieder in einer Gruppe zusammen. Zuerst liest jedes Kind seinen Text vor und erhält eine Beratung bezüglich des Inhalts und des Satzbaus. Danach werden die Texte einmal reihum weitergereicht und jeder kontrolliert bei dem Text seines linken Nachbarn, ob die Zeitstufe Futur richtig verwendet wurde.

Der **7. Arbeitsschritt** ist für die Präsentation einzelner Texte vorgesehen, die vorgelesen oder vorgespielt werden können. Die Klasse und der Lehrer geben eine Rückmeldung bezüglich des Inhalts und der Verwendung des Futurs.

✓ Merkposten

M1 wird für jedes Kind benötigt. Bei M2 bleibt es dem Lehrer überlassen, ob jedes Kind dieses Aufgabenblatt erhalten soll, oder ob die Teams ein Blatt gemeinsam nutzen. In diesem Fall könnte man es auch auf A3 vergrößern.

M3 wird auf A3 vergrößert und jeweils geteilt, um sie als Markplatzschilder aufhängen zu können. An diesen Stellen sollten aber auch entsprechende Kopien in Normalgröße ausliegen, damit jede Gruppe zumindest eines mit an ihren Arbeitsplatz nehmen kann.

04 Mit dem Futur spielerisch in die Zukunft blicken

Die Zeitform Futur (Zukunfts-Zeit)

A1 Lies dir zuerst den Text durch und schaue dir die Beispiele dazu genau an. Setze dabei die Wörter aus dem Kasten in die Lücken im Text ein.

Merksatz

Manches wird erst morgen, nächste Woche oder noch viel später geschehen.
Wenn wir über etwas schreiben (manchmal auch über etwas sprechen),
das erst noch geschehen wird, verwenden wir das Futur.
Das Futur wird auch als _____ s-Zeit bezeichnet.
Das Futur besteht aus einer Form von _____
und einem Verb (Tunwort) in der Grundform.
Beispiel:
Morgen werde ich in die Schule gehen.
Du wirst bestimmt bald ein Tor schießen.
Man verwendet diese Zeitform vor allem,
wenn man _____ für die Zukunft macht,
ein _____ geben möchte (zum Beispiel als Politiker vor der Wahl)
oder wenn man eine Vorhersage treffen möchte (für das Wetter etwa).

Setze ein:
Versprechen,
Zukunft,
werden,
Pläne

	gehen	essen
ich	werde gehen	werde
du	wirst gehen	
er, sie, es	wird gehen	
wir	werden gehen	
ihr	werdet gehen	
sie	werden gehen	

A2 Löse folgende Aufgaben und markiere die wichtigen Stellen.

weinen: Du _____ _____ .

läuft: Caspar _____ _____ .

rufen: Ich _____ _____ .

A3 Überlege dir, wie du später einem Partner die Bildung des Futurs erklären kannst.

Übungen zur Zeitform Futur (Zukunft)

A1 Falte vor der Arbeit den Kontrollabschnitt an der gestrichelten Linie nach hinten.

A2 Fülle die Tabelle in der Zeitstufe Futur (Zukunft).

	kaufen	schlafen
ich		
du		
er, sie, es		
wir		
ihr		
sie		

A3 Welche Sätze stehen im Futur (Zukunft)? Unterstreiche alle Verben, die zum Futur gehören.

Onkel Christoph kommt zu Besuch

Morgen wird Julians Onkel aus Amerika zu Besuch kommen. Er freut sich schon sehr darauf. Er wird ihm bestimmt wieder schöne Geschenke mitbringen. Dann werden alle gemeinsam beim Italiener zum Essen gehen. Sein Onkel Christoph liebt die italienische Küche. Am Nachmittag wird er dann wieder einige seiner lustigen Witze erzählen. „Ich werde meinen Onkel Christoph immer mögen", denkt Julian.

A4 Schreibe die Sätze im Futur (Zukunft) auf.

a.) Elias und Luca besuchen ihren Freund Jojo.

b.) „Heute Mittag regnet es", verkündet der Wetterexperte.

c.) Nach dem Essen räume ich mein Zimmer ganz sicher auf.

A2

	kaufen	schlafen
ich	werde kaufen	werde schlafen
du	wirst kaufen	wirst schlafen
er, sie, es	wird kaufen	wird schlafen
wir	werden kaufen	werden schlafen
ihr	werdet kaufen	werdet schlafen
sie	werden kaufen	werden schlafen

A3 Unterstrichen sein müssen:
- (er) wird…mitbringen
- (er) wird…erzählen
- (wir) werden…gehen
- (ich) werde…mögen

A4 So sind die Sätze richtig:

a.) Elias und Luca werden ihren Freund Jojo besuchen.
b.) „Heute Mittag wird es regnen", verkündet der Wetterexperte.
c.) Nach dem Essen werde ich mein Zimmer ganz sicher aufräumen.

Marktplatz der Ideen

Wenn ich Königin/König von Deutschland werde…

Stelle dir vor, du wirst zur Königin/zum König von Deutschland ernannt.
Du darfst alles bestimmen, was du möchtest. Was würdest du tun?

A1 Sammle mit deinen Partnern Ideen und ordnet sie in einer Mindmap.
Die Abbildung der Mindmap unten kann euch dabei helfen.

A2 Schreibe mithilfe der Mindmap einen Text.
Verwende als Zeitstufe das Futur (die Zukunft).
Unterstreiche anschließend alle Verben, die die Zukunft anzeigen.

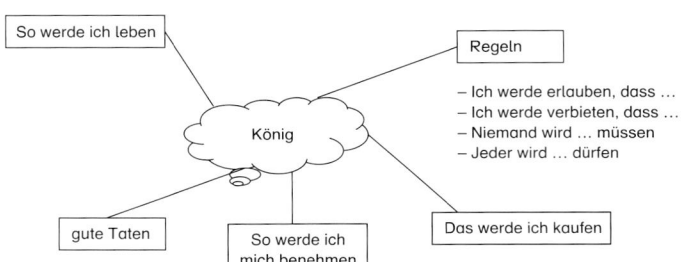 

Wenn ich einmal erwachsen bin, werde ich…

Was hast du für Pläne für deine Zukunft? Welchen Beruf wirst du einmal ergreifen, was wirst du dabei tun? Was nimmst du dir vor?

A1 Sammle mit deinen Partnern Ideen und ordnet sie in einer Mindmap.
Die Abbildung der Mindmap unten kann euch dabei helfen.

A2 Schreibe mithilfe der Mindmap einen Text.
Verwende als Zeitstufe das Futur (die Zukunft).
Unterstreiche anschließend alle Verben, die die Zukunft anzeigen.

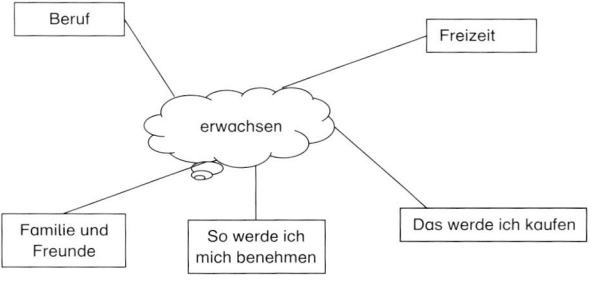 

Zeitformen

LS 04.M3

Das Wetter für nächste Woche

Werde zum Wetterexperten! Beschreibe, wie das Wetter nächste Woche werden wird. Natürlich darf das Wetter auch etwas verrückt sein.

A1 Sammle mit deinen Partnern Ideen und ordnet sie in einer Mindmap. Die Abbildung der Mindmap unten kann euch dabei helfen.

A2 Schreibe mithilfe der Mindmap einen Text. Verwende als Zeitstufe das Futur (die Zukunft). Unterstreiche anschließend alle Verben, die die Zukunft anzeigen.

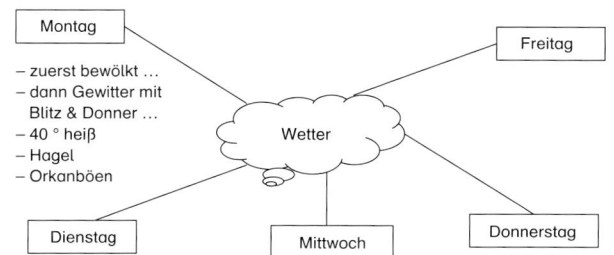

Eine Zeitreise ins Jahr 2255

Wie sieht die Welt in über 200 Jahren aus? Welche Erfindungen wird es geben? Werden wir in Kontakt mit Außerirdischen treten?

A1 Sammle mit deinen Partnern Ideen und ordnet sie in einer Mindmap. Die Abbildung der Mindmap unten kann euch dabei helfen.

A2 Schreibe mithilfe der Mindmap einen Text. Verwende als Zeitstufe das Futur (die Zukunft). Unterstreiche anschließend alle Verben, die die Zukunft anzeigen.

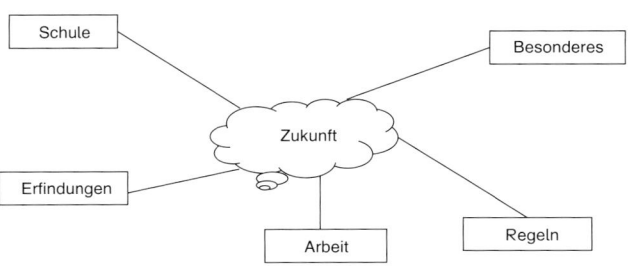
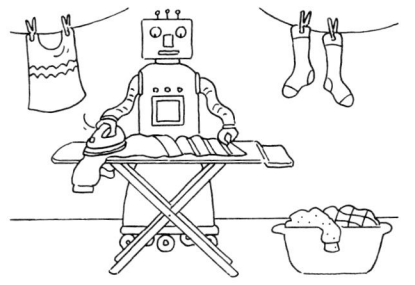

LS 05 Zeitformen

LS 05 Zeitanzeigende Wörter in einem Ideenspeicher orden

		Zeitrichtwert	Lernaktivitäten	Material	Kompetenzen
1	PL	5'	L gibt erläutert den Ablauf der Einheit.		– einem Lehrervortrag folgen – Spickzettel anlegen – ein Assoziationsspiel spielen – nach Vorgaben markieren – kooperativ kontrollieren – nachfragen und erklären – kooperieren – einen Wortspeicher anlegen – einen Wortspeicher nutzen
2	PL	10'	L erarbeitet mit der Klasse anhand von vier Beispielsätzen, was Zeitangaben sind, und markiert diese.	Tafel	
3	EA	10'	S legen Spickzettel mit eigenen Zeitangaben an.	Notizpapier	
4	GA	15'	S spielen Assoziationsspiel.	Spickzettel	
5	PA	20'	Tandems markieren die Zeitangaben im Text.	M1.A2	
6	GA	15'	S kontrollieren M1 und legen einen Wortspeicher an.	M1, M2.A1–2, M3	
7	EA	15'	S bilden verschiedene Sätze mit Zeitangaben.	M3	

✓ Merkposten
Die Basistexte M1 und M3 benötigt jedes Kind.

M2 wird für jede Dreiergruppe einmal kopiert.

Tipp
Ähnlich wie die Mindmap zum Wortfeld „sagen" in LS 02 „Wörtliche Rede", kann der Wortspeicher auch zukünftig als Hilfsmittel bei der Textproduktion Verwendung finden (um einen Wechsel von Satzanfängen zu erleichtern).

Hinweis
Für das Anlegen von Stichwortlisten empfiehlt es sich grundsätzlich, die Größe des Papiers zu begrenzen, um allzu umfangreiche Aufschriebe zu unterbinden. Es empfiehlt sich das Format A6.

Erläuterungen zur Lernspirale

Ziel der Doppelstunde ist es, mit der Klasse herauszuarbeiten, dass es neben den Verben in ihren verschiedenen Formen auch noch andere Wörter gibt, welche das Tempus anzeigen. Dies können zum Beispiel Temporaladverbien sein. Im ersten Teil der Lerneinheit geht es darum, zu vermitteln, was Zeitangaben sind, Beispiele dafür zu finden und diese in einem Text zu identifizieren. Im weiteren Verlauf wird ein Wortspeicher angelegt und erprobt.

Zum Ablauf im Einzelnen:
Im **1. Arbeitsschritt** erläutert der Lehrer das Vorgehen für die bevorstehende Lernspirale.

Im **2. Arbeitsschritt** wird anhand von vier Sätzen vermittelt, dass es außer Verben auch noch andere Wörter gibt, welche die Zeit anzeigen können. Dazu notiert der Lehrer folgende Sätze an der Tafel:

- Zurzeit gehe ich nicht zum Turnen.
- Gestern ging sie mit ihren Freunden ins Kino.
- Ich werde nächste Woche nach Rom fahren.
- Meine Hausaufgaben erledige ich morgen.

Zunächst werden die Zeitformen bestimmt und die entsprechenden Verben markiert. Danach erläutert der Lehrer die Rolle der Zeitangaben und markiert diese im ersten Satz mit einer anderen Farbe. Im Rahmen eines Unterrichtsgesprächs identifiziert die Klasse die Zeitangaben in den übrigen Sätzen, der Lehrer markiert diese jeweils. An dieser Stelle kann auch darauf eingegangen werden, dass das Futur auch mit einer Zeitangabe und einem Verb im Präsens gebildet werden kann (siehe Satz 4).

Der **3. Arbeitsschritt** dient als Besinnungsphase. In Einzelarbeit werden auf einem Spickzettel weitere Zeitangaben gesammelt.

Im **4. Arbeitsschritt** werden per Los Vierergruppen gebildet. Diese bilden jeweils einen Stehkreis. Gemeinsam wird ein Assoziationsspiel gespielt. Dazu schreibt der Lehrer fünf Begriffe untereinander an die Tafel, zum Beispiel „Hausaufgaben, Geburtstagsparty, Ferien, Fußballturnier, Badesee". Die erste Runde des Spiels beginnt mit dem ersten Wort. Reihum müssen die Kinder nun eine Zeitangabe nennen und einen Satz mit dieser und dem Wort „Hausaufgaben" bilden. Dabei dürfen sie ihre Spickzettel verwenden. Dann ist der Nächste an der Reihe. Die Runde ist beendet, wenn ein Spieler eine Zeitangabe doppelt verwendet, einen anderen Fehler macht oder ihm nichts mehr einfällt. Dann ist das nächste Wort dran.

Im **5. Arbeitsschritt** markieren Zufallstandems alle Zeitangaben im Text M1.

Für den **6. Arbeitsschritt** werden Dreiergruppen ausgelost. Dabei ist darauf zu achten, dass die Tandems aus der vorigen Phase nicht in einem Team sind. Die markierten Zeitangaben werden überprüft und bei Bedarf komplettiert. Danach vervollständigen die Gruppen die Liste mit Zeitangaben (M2) durch diejenigen, welche in M1 unterstrichen wurden. Als letztes wird ein Wortspeicher angelegt, indem die Kinder die Zeitangaben den unterschiedlichen Zeitformen zuordnen (M3).

Im **7. Arbeitsschritt** erproben die Kinder in Einzelarbeit ihre Listen. Zu allen Zeitstufen werden Sätze ins Heft geschrieben, welche eine Zeitangabe beinhalten.

05 Zeitanzeigende Wörter in einem Ideenspeicher ordnen

A1 Lies den Text und markiere darin alle Zeitangaben.

A2 Falls du schneller fertig bist, kannst du auch noch die Verben, die die unterschiedlichen Zeitformen anzeigen, mit einer anderen Farbe unterstreichen und die Zeiten bestimmen.

Urlaub auf Sardinien

Maja fährt morgen mit ihrer Familie in den Urlaub nach Sardinien. Auch im letzten Sommer hat die Familie bereits diese schöne Insel besucht. „Dieses Jahr werde ich genau aufpassen, was ich einpacke!", denkt sich Maja. Im vergangenen Urlaub wurde es ihr nämlich immer wieder langweilig. „Dieses Mal werde ich mindestens drei Bücher einpacken und auch mein Lieblingsspiel werde ich nicht vergessen", beschließt sie. In aller Frühe wird die Familie losfahren, um nicht in den Stau zu geraten. Nachdem sie den Koffer fertig gepackt hat, muss sie schnell ins Bett gehen, damit sie am Morgen fit ist. Voher wird ihr ihre große Schwester Roxana aber noch eine Geschichte vorlesen. Das macht Roxana jeden Tag.

Die Eltern der beiden Mädchen haben die Reise schon seit Wochen vorbereitet. Schließlich muss immer an vieles gedacht werden, wenn eine Familie verreist. Die Ferienwohnung buchte wie jedes Jahr ihre Mutter. Ihr Vater hat zigmal alles am Auto überprüft. Seit sie vor vielen Jahren einmal eine Panne auf der Autbahn hatten, ist ihr Vater immer besonders vorsichtig. „Das wird mir nie wieder passieren!", schimpfte er damals. Nun ist aber alles vorbereitet und es kann bald losgehen.

LS 05.M2 — Zeitformen

Zeitangaben

A1 Ergänze die Liste durch die Zeitangaben aus dem Lesetext.

A2 Unterstreiche, mit welcher Zeitform die Zeitangaben in der Liste verwendet werden können:
Vergangenheit (Perfekt und Präteritum) – rot
Gegenwart (Präsens) – grün
Zukunft (Futur) – orange

> Achtung! Einige Zeitangaben können mit mehreren Zeitformen stehen.
> Markiere sie so: Allgemeine Zeitangabe – blau

A3 Übertrage nun die Wörter in die passenden Stellen in deinem Wortspeicher.

ständig, häufig, einmal, morgens, vormittags, vorher, mittags, jährlich, nachmittags, jetzt, neulich, zunächst, übermorgen, demnächst, eben, bereits, damals, momentan, früher, zuerst, schließlich, anschließend, eines Tages, seit einer Stunde, in ein paar Tagen	später, nachts, gestern, montags, inzwischen, täglich, selten, manchmal, dann, einmal, abends, kürzlich, danach, vormittags, gerade, nachher, seither, anfangs, danach, soeben, demnächst, heute, jeden Tag, zuletzt, jeden Monat, vor vielen Jahren, in absehbarer Zeit	letztes Wochenende, nie, am Ende, einmal, zweimal, stündlich, bald, wöchentlich, oft, vorgestern, monatlich, einst, mehrmals, sofort, augenblicklich, heutzutage, morgen, tagelang, den ganzen Tag, vor langer Zeit, seit einem Jahr, um acht Uhr

Wortspeicher Zeitangaben

Zukunft (Futur)

Gegenwart (Präsens)

Vergangenheit (Perfekt und Präteritum)

Allgemein

LS 06 Zeitformen

LS 06 Fehlerschwerpunkte selbstständig ermitteln und gezielt üben

		Zeitrichtwert	Lernaktivitäten	Material	Kompetenzen
1	PL	5'	L gibt einen Überblick über den Ablauf der Stunde.		– sich selbst einschätzen – Arbeitsschwerpunkte in einem Test ermitteln – gezielt Fragen stellen – erklären und beraten – zielgerichtet Übungen auswählen – kooperieren – selbstständig üben – Lernverhalten und -zuwachs reflektieren
2	EA	15'	S füllen Selbsteinschätzungsbogen aus und bearbeiten Testaufgaben.	M1.A1–2	
3	GA	15'	Teams kontrollieren Testaufgaben und beraten sich bezüglich der Schwerpunktauswahl.	M1	
4	PL	10'	L erläutert kurz die Arbeitsauswahl.		
5	GA	35'	S wählen Themenschwerpunkt aus, bilden Teams und bearbeiten die Aufgaben.	siehe Auflistung unten	
6	GA	10'	S bilanzieren im Team über ihre Arbeit.		

Hinweis
Die Arbeitsschritte 5 und 6 können bei Bedarf wiederholt stattfinden.

Erläuterungen zur Lernspirale

Ziel der Doppelstunde ist es, das Selbsteinschätzungsvermögen der Kinder zu fördern und ihnen eine Möglichkeit zu bieten, gezielt an ihren individuellen Problemstellen zu arbeiten. Um die Motivation bei der Arbeit zu erhöhen, sind die Übungen spielerisch angelegt. Das Angebot selbst ist in zwei Kategorien unterteilt: Spiele und Aufgaben, die es ermöglichen, gezielt eine Zeitstufe zu trainieren, und solche, bei denen die Zeitstufen gemischt geübt werden. Letztere ist vor allem für Kinder gedacht, welche bei der Selbstüberprüfung keinen Fehlerschwerpunkt ermitteln konnten.

Zum Ablauf im Einzelnen:
Im **1. Arbeitsschritt** erläutert der Lehrer den Ablauf der bevorstehenden Lernspirale.

Im **2. Arbeitsschritt** füllen die Kinder in Einzelarbeit ihren Selbsteinschätzungsbogen aus. Anschließend lösen sie die Aufgaben „Ich überprüfe mich selbst".

Für den **3. Arbeitsschritt** werden Dreiergruppen ausgelost. Die Teams haben die Aufgabe, die Tests gemeinsam zu kontrollieren. Probleme werden besprochen, Aufgaben, welche von einzelnen Kindern nicht bewältigt werden konnten, gemeinsam gelöst. Außerdem beraten sich die Teams gegenseitig, welchen Schwerpunkt sie in der bevorstehenden Übungsphase wählen sollten (eine oder mehrere Zeitformen gezielt oder gemischte Übungen).

Im **4. Arbeitsschritt** stellt der Lehrer das Übungsangebot kurz vor. Dieses umfasst folgende Auswahl:

Angebote zum Trainieren einzelner Zeitformen:
- Kartenspiel „Perfekt-Sextett" (LS03.M3)
- Verben im Perfekt konjugieren (LS03.M2): aus LS03.M2 werden Blankovorlagen erstellt, Kinder ziehen Verbkarten LS01.M2 und tragen ein
- Konjugationsspiel (LS01.M3) in Kombination mit den Verbkarten LS01.M2
- Arbeitsblatt „Sätze basteln" (M3)

Angebote mit gemischten Zeitformen:
- Kreuzworträtsel (M4)
- Kartenspiel „Lustige Sätze auslosen" (M5)
- Würfelspiel „Sätze würfeln" (M2), wird ergänzt durch Verbkarten (LS01.M2)

Im **5. Arbeitsschritt** geht es zunächst darum, geeignete Partner mit denselben Schwerpunkten zu finden. Dazu verteilen sich alle Kinder der Klasse in die vier Ecken des Klassenraumes, wobei jede Ecke für eine Zeitstufe steht. Die Ecken können vorab mit Schildern kenntlich gemacht werden. Die Kinder der jeweiligen Ecken bilden selbst Tandems oder Gruppen und wählen mit ihren Partnern ein Spiel oder eine Übung aus. Die Kinder der Kategorie „Zeitformen gemischt" treffen sich in der Mitte des Klassenraumes und verfahren ebenso. Nach Beendigung einer Aufgabe können die Tandems und Gruppen gemeinsam weiterarbeiten oder neue Teams bilden.

Der **6. Arbeitsschritt** ist eine Reflexionsphase. Es werden Gruppen zu je vier oder fünf Mitgliedern ausgelost. Jedes Kind berichtet reihum, was es gearbeitet hat, zieht eine persönliche Bilanz von der Lernzeit und erzählt, was es sich für die nächste Lernzeit vornimmt. Das Team gibt jeweils ein Feedback und berät.

06 Wie fit bin ich bei den Zeitformen?

Ich schätze mich selbst ein

Zeitformen	🚧	😐	🙂
Ich erkenne das **Futur (Zukunft)** und kann es selbst bilden.			
Ich erkenne das **Präsens (Gegenwart)** und kann es selbst bilden.			
Ich erkenne das **Präteritum (Vergangenheit 1)** und kann es selbst bilden.			
Ich erkenne das **Perfekt (Vergangenheit 2)** und kann es selbst bilden.			

Ich überprüfe mich selbst

A1 Ergänze die Tabelle. Verwende die ich-Form.

Grundform	Präsens (Gegenwart)	Präteritum (1. Vergangenheit)	Perfekt (2. Vergangenheit)	Futur (Zukunft)
sagen	sage	sagte	habe gesagt	werde sagen
spielen				
geben				
kommen				
machen				

A2 Schreibe die Sätze in der Zeitstufe auf, die in Klammern steht.

a.) Lena hüpft im Schwimmbad vom 5-Meter-Brett. (Präteritum = Vergangenheit 1)

b.) Luca sieht ihn schon von weitem. (Perfekt = Vergangenheit 2)

c.) Raphael schwimmt im Hallenbad 10 Bahnen. (Futur = Zukunft)

d.) Lina dachte lange darüber nach. (Präsens = Gegenwart)

An diesen Zeitformen möchte ich arbeiten

Zeitformen

Sätze würfeln

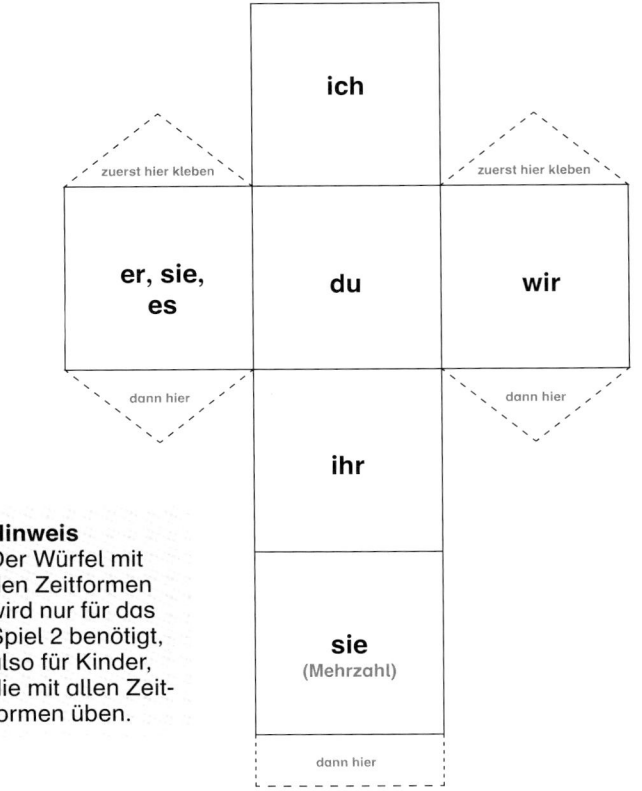

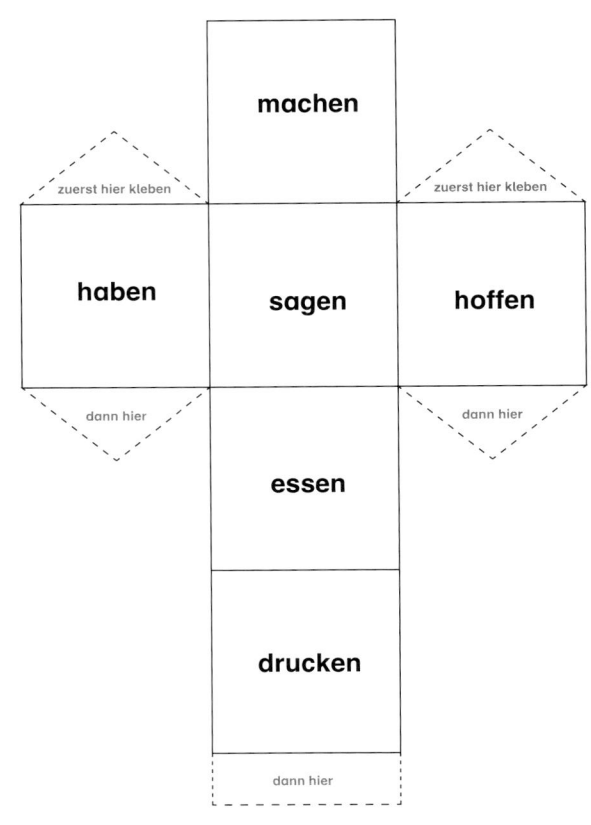

Hinweis
Der Würfel mit den Zeitformen wird nur für das Spiel 2 benötigt, also für Kinder, die mit allen Zeitformen üben.

Spiel 1

Ihr braucht
2 Würfel (Personen und Verben) und eure Hefte

Der erste Spieler würfelt mit beiden Würfeln. Dann erfindet er einen Satz in der Zeitform, die ihr üben möchtet. Die Mitspieler kontrollieren den Satz. Nun ist der Nächste dran.

Spiel 2

Ihr braucht
alle Würfel und eure Hefte

Der erste Spieler würfelt mit allen 3 Würfeln. Dann schreibt er einen Satz …
… in der vorgegebenen Zeitform, …
… mit der erwürfelten Person …
… und mit dem jeweiligen Wort.
Die Mitspieler kontrollieren den Satz. Nun ist der Nächste dran.

Zeitformen — LS 06.M3–4

LS 06.M3 Sätze basteln

Bilde Sätze in der Zeitform, die du üben möchtest, und schreibe sie auf.

Meine Zeitform – kreuze an:
- ☐ Futur (Zukunft)
- ☐ Präteritum (Vergangenheit 1)
- ☐ Präsens (Gegenwart)
- ☐ Perfekt (Vergangenheit 2)

haben: Maja _____.

sagen: Meine Eltern _____.

schreiben: Helene _____.

schwimmen: Ich _____.

klettern: Johannes _____.

machen: Ihr _____.

husten: Du _____.

spielen: Die Kinder _____.

LS 06.M4 Kreuzworträtsel

Schreibe die Verben in der angegebenen Zeitform und Person in die Felder.

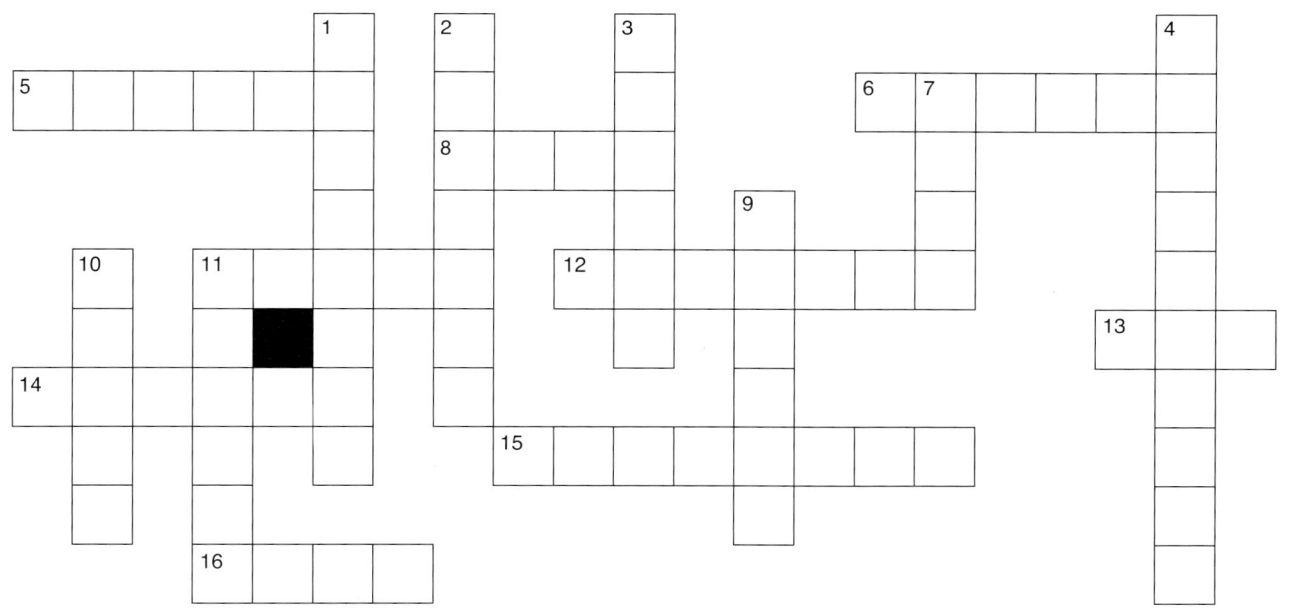

Senkrecht:
1. warten, Perfekt: du hast...
2. sollen, Präteritum: sie (Plural)...
3. haben, Präteritum: wir...
4. annehmen, Perfekt: du hast...
7. irren, Präsens: er...
9. lachen, Präsens: du...
10. machen, Präsens: ihr...
11. werden, Futur: ihr...lügen

Waagrecht:
5. wissen, Präteritum: ich...
6. leihen, Präteritum: sie (Plural)...
8. leben, Präsens: es...
11. werden, Futur: du...schlafen
12. tanzen, Perfekt: wir haben...
13. lügen, Präteritum: er...
14. schreien, Präteritum: ich...
15. essen, Perfekt: ihr habt...
16. treffen, Präteritum: ich...

Zeitformen

Kartenspiel

Lustige Sätze auslosen

Ihr braucht
- einen Kartenstapel „Verben" (gehen, machen,…)
- einen Kartenstapel „Personen" (ich, du, drei Kamele,…)
- einen Kartenstapel „Zeitformen" (Perfekt, Futur,…)
- euer Heft

So geht das Spiel
Legt die 3 Stapel Karten gemischt und verdeckt auf den Tisch. Der Größte darf beginnen.
Er zieht von jedem Stapel eine Karte und legt sie offen auf den Tisch.
Der Nachbar links neben ihm muss nun mit dem Verb und der Person einen Satz in der vorgegebenen Zeit bilden. Die Sätze dürfen natürlich auch lustig sein.
Ist der Satz richtig, darf er ihn ins Heft schreiben
Danach zieht er selbst 3 Karten für seinen linken Nachbarn.
Wer am Ende die meisten Sätze im Heft hat, ist der Gewinner.

Futur (Zukunft)	sie (Mehrzahl/Plural)	ihr
Präsens (Gegenwart)	wir	er, sie, es
Präteritum (Vergangenheit 1)	du	ich
Perfekt (Vergangenheit 2)	deine Freundin und du	meine Oma und ich
Suche dir eine Zeitform aus!	Julian und Philip	Strolchi der Hund
meine zwei Tanten	drei Kamele	Rosa das Schwein

LS 07 Ein Gedicht in eine Geschichte verwandeln

		Zeitrichtwert	Lernaktivitäten	Material	Kompetenzen
1	PL	5'	L erläutert den Ablauf der Stunde.		– einem Lehrervortrag folgen – einen Text zusammenfassend wiedergeben – Verben sammeln und Zeitform umwandeln – überprüfen, nachfragen und beraten – Erzählkarten anfertigen und nutzen – Feedback geben
2	PL	10'	L liest das Gedicht zweimal vor, beim zweiten Mal lesen S mit. Nach einer inhaltlichen Klärung werden Verben für Zäzilies „Arbeits- und Leidensphase" gesammelt.	M1	
3	EA	10'	S lesen das Gedicht und füllen Erzählkarte aus.	M1, M2	
4	PA	10'	S vergleichen und ergänzen Erzählkarte. Notierte Verben werden ins Präteritum umgeformt.	M1, M2	
5	GA	15'	S erzählen Geschichte im Team und erhalten Feedback. Erzählkarten werden vervollständigt.	M2	
6	EA	20'	S notieren Geschichte.	M2, Papier	
7	GA	20'	S lesen Geschichte ihrer Gruppe vor. Erneute Beratung und Kontrolle der Zeitform.	Geschichte	

Erläuterungen zur Lernspirale

Ziel der Doppelstunde ist es, die erworbenen Kenntnisse in Bezug auf die unterschiedlichen Zeitformen nun produktiv zu nutzen, indem das vorliegende Gedicht „Zäzilie" von Christian Morgenstern in eine Geschichte umgewandelt wird. Dabei soll insbesondere auch das aktive Sammeln und Umformen von Verben (vom Präsens beim Gedicht ins Präteritum bei der Geschichte) im Vordergrund stehen.

Zum Ablauf im Einzelnen:
Im **1. Arbeitsschritt** gibt der Lehrer einen Überblick über den Ablauf der Lernspirale.

Im **2. Arbeitsschritt** liest der Lehrer das Gedicht „Zäzilie" (M1) zweimal vor, beim zweiten Mal lesen die Kinder mit. Gemeinsam wird der Inhalt des Gedichtes kurz wiedergegeben, um sicherzustellen, dass alle Kinder den Handlungsverlauf verstanden haben. Außerdem wird näher auf den dritten Vers eingegangen, da dieses Bemühen, das Fenster zu reinigen, im Gedicht sehr kurz dargestellt wird, bei einer Geschichte aber den Hauptteil bildet. Um dieses Bemühen herauszuarbeiten, bietet es sich an, mit der Klasse Verben unter der Fragestellung „Was tut Zäzilie alles bei der Fensterreinigung?" zu sammeln (schrubben, kratzen, polieren, schimpfen, weinen, ...).
Je nach Lernstand kann sich auch noch eine kurze Inputphase zu den Kriterien einer Geschichte anschließen.

Im **3. Arbeitsschritt** bereiten die Kinder die bereits vorstrukturierte Erzählkarte in Einzelarbeit vor.

Für den **4. Arbeitsschritt** werden per Los Tandems gebildet. Diese haben nun die Aufgabe, ihre Erzählkarten zu vergleichen und zu ergänzen. Außerdem bilden sie von den gesammelten Verben die Präteritumsform, um sicherzustellen, dass die sich anschließenden Phasen der Geschichte auch in der richtigen Zeitform erzählt werden. Gemeinsam können sie, sofern die Zeit dies zulässt, auch erste Erzählversuche unternehmen und sich gegenseitig beraten.

5. Arbeitsschritt: In Zufallsgruppen erzählen die Kinder die Geschichte ihrer Gruppe. Das Team ergänzt oder berichtigt die Präsentierenden im Rahmen einer Feedbackrunde. Außerdem werden die Erzählkarten kontrolliert. Dabei ist es auch erlaubt, sich Ideen der anderen Teilnehmer auf der eigenen Karte zu notieren.

6. Arbeitsschritt: Nun schreibt jedes Kind seine Version der Geschichte auf.

Im abschließenden **7. Arbeitsschritt** setzen sich die Kinder, die zuvor in einer Gruppe waren, wieder zusammen, tragen sich ihre Geschichten gegenseitig vor und überprüfen sie auf inhaltliche Stimmigkeit. Außerdem wird kontrolliert, ob die Zeitstufe Präteritum richtig angewandt wurde.

Eine Präsentation und die Reinschrift der Geschichte können sich anschließen.

✓ Merkposten

M1 und M2 wird für jedes Kind benötigt.

Außerdem ist geeignetes Losmaterial bereitzuhalten.

M2 kann bei Bedarf auf A4-Format vergrößert werden.

07 Ein Gedicht in eine Geschichte verwandeln

LS 07.M1 Gedicht „Zäzilie"

Zäzilie

Zäzille soll die Fenster putzen,
sich selbst zum Gram, jedoch dem Haus zum Nutzen.

„Durch meine Fenster muss man", spricht die Frau,
„so durchsehn können, dass man nicht genau
erkennen kann, ob dieser Fenster Glas,
Glas oder bloße Luft ist. Merk dir das!"

Zäzille ringt mit allen Menschen-Waffen...
Doch Ähnlichkeit mit Luft ist nicht zu schaffen.
Zuletzt ermannt sie sich mit einem Schrei –
und schlägt die Fenster allesamt entzwei!

Dann säubert sie die Rahmen von den Resten,
und ohne Zweifel ist es so am besten.
Sogar die Dame spricht zunächst verdutzt:
„So hat Zäzilie ja noch nie geputzt."

Doch alsobald ersieht man, was geschehn,
und sagt einstimmig: „Diese Magd muss gehen."

von Christian Morgenstern, 1912

LS 07.M2 Anleitung und Tipps für einen Interview-Artikel

Stichworte zur Einleitung	Verben, die beschreiben, was die Frau tut
Stichworte zum Hauptteil	**Verben, die beschreiben, was Zäzilie tut**
Stichworte zum Schluss	**Verben, die erzählen, was am Ende passiert**

LS 01 Die wörtliche Rede verstehen und erproben

		Zeitrichtwert	Lernaktivitäten	Material	Kompetenzen
1	PL	5'	L erläutert den Ablauf der Lernspirale.		– eigene Gedanken visualisieren und in Worte fassen – aktiv zuhören – kommunizieren – ordnen – markieren – präsentieren und erklären – sich gegenseitig kontrollieren und beraten – ein Plakat übersichtlich gestalten
2	PL	15'	Erarbeitung der Regeln zur wörtlichen Rede (M1): S bilden exemplarisch vier Sätze mit wörtlicher Rede (je zwei mit voran- und nachgestelltem Begleitsatz). Dann werden Rede- und Satzzeichen besprochen und hinzugefügt.	M1 (vergrößert), Plakatstifte, Magnete	
3	EA	5'	S verfassen Spickzettel mit zwei selbst erfundenen Sätzen. Die Zeichensetzung wird farbig hervorgehoben.	A5-Papier (Blanko), Stifte	
4	PA	10'	S stellen ihre Sätze im Doppelkreis vor und erklären die Regelungen zur Zeichensetzung.	Spickzettel	
5	PA	20'	Tandems bringen den Dialog in eine sinnvolle Reihenfolge, schreiben die Sätze geordnet auf und fügen die Satzzeichen rot ein.	M2.A1–3	
6	GA	25'	S vergleichen Arbeitsergebnisse. Danach erfinden sie einen Dialog. Satzzeichen werden rot markiert.	M2, Plakate	
7	PL	10'	Gruppen präsentieren und erhalten Feedback.	Plakate	

Erläuterungen zur Lernspirale

Ziel der Doppelstunde ist es, die grundlegende Funktion der direkten Rede zu vermitteln, also die Kenntlichmachung des tatsächlich Wiedergegebenen und dessen Zuordnung zu einer Person. Zudem soll die dazugehörige Zeichensetzung erarbeitet und eingeübt werden. Um eine Überforderung zu Beginn zu vermeiden, beschränkt sie sich auf die direkte Rede mit vorangestelltem und nachgestelltem Begleitsatz.

Zum Ablauf im Einzelnen:
Im **1. Arbeitsschritt** erläutert der Lehrer das Vorgehen für die folgende Lernspirale.

Für die Erarbeitung der direkten Rede im **2. Arbeitsschritt** heftet der Lehrer zunächst die vorbereiteten Kärtchen (M1) durcheinander an die Tafel. Daraus werden beispielhaft gemeinsam vier Sätze mit wörtlicher Rede gebildet und in der richtigen Reihenfolge angebracht, jeweils zwei mit vorangestelltem und nachgestelltem Begleitsatz. Die Redesätze und die Redebegleitsätze werden farbig markiert und die Begriffe geklärt. Danach folgt die Erläuterung der Regeln für die Zeichensetzung durch den Lehrer. Die Satz- und Redezeichen werden dabei mit Plakatstiften oder Kreide deutlich erkennbar eingetragen.

Der **3. Arbeitsschritt** dient als Nachdenkphase, in der die Kinder überprüfen, ob sie das Erarbeitete verstanden haben. In Einzelarbeit erfinden die Kinder zwei Sätze mit direkter Rede (je einen mit voran- und nachgestelltem Begleitsatz), und tragen die Satz- und Redezeichen rot ein.

Im **4. Arbeitsschritt** wird ein Doppelkreis gebildet. Die Kinder des Außenkreises beginnen, anhand ihrer Beispielsätze dem jeweiligen Partner des Innenkreises die Regeln, die für die wörtliche Rede gelten, zu erklären. Auf ein Signal wird zum übernächsten Partner gewechselt.

Für den **5. Arbeitsschritt** werden Zufallstandems ausgelost. Die Dialogbausteine auf M2, welche dem Tafelmaterial M1 entsprechen, werden nun in Partnerarbeit geordnet, indem alles, was zu einem Satz gehört, mit der gleichen Farbe markiert wird. Anschließend werden die Sätze durch Zahlen in eine sinnvolle Reihenfolge gebracht. Zum Abschluss wird der Dialog rechts aufgeschrieben und die korrekten Satz- und Redezeichen mit Rotstift eingetragen.

Im **6. Arbeitsschritt** bilden jeweils zwei Tandems eine Gruppe. Die Teams kontrollieren die Arbeit aus dem vorigen Schritt. Dann erfinden sie selbst einen kurzen Dialog und schreiben diesen auf ein Plakat. Dabei sollen die Gruppen sowohl Sätze mit voran- als auch mit nachgestelltem Begleitsatz verwenden. Auch hier wird die richtige Zeichensetzung rot eingetragen.

Im **7. Arbeitsschritt** präsentieren zwei ausgeloste Gruppen ihre Dialoge und erklären die Regeln, die für die wörtliche Rede gelten. Lehrer und Klasse geben den Präsentatoren ein Feedback und berichtigen gegebenenfalls.

✓ Merkposten
M1 wird vorab vom Lehrer auf A3-Fornat kopiert und geschnitten. M2 wird für jedes Kind benötigt.

Eine Möglichkeit der Gruppenfindung besteht darin, M2 fortlaufend mit Zahlen und Buchstaben zu versehen (1a, 1a, 1b, 1b, 2a, 2a, …). Die Paare ergeben sich aus der Zahlen-Buchstaben-Kombination, die Teams nur aus den Zahlen.

Tipp
Die Lernspiralen dieses Themas können als Einheit oder losgelöst voneinander eingesetzt werden.

01 Die wörtliche Rede verstehen und erproben

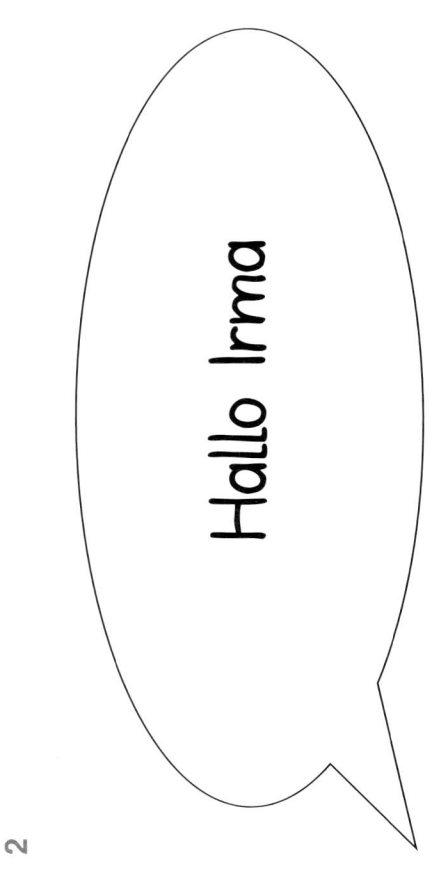

1. Grüß dich, Mats

2. Hallo Irma

3. Was machst du denn für ein Gesicht?

4. Ich muss hier so doofe Gänsefüßchen eintragen.

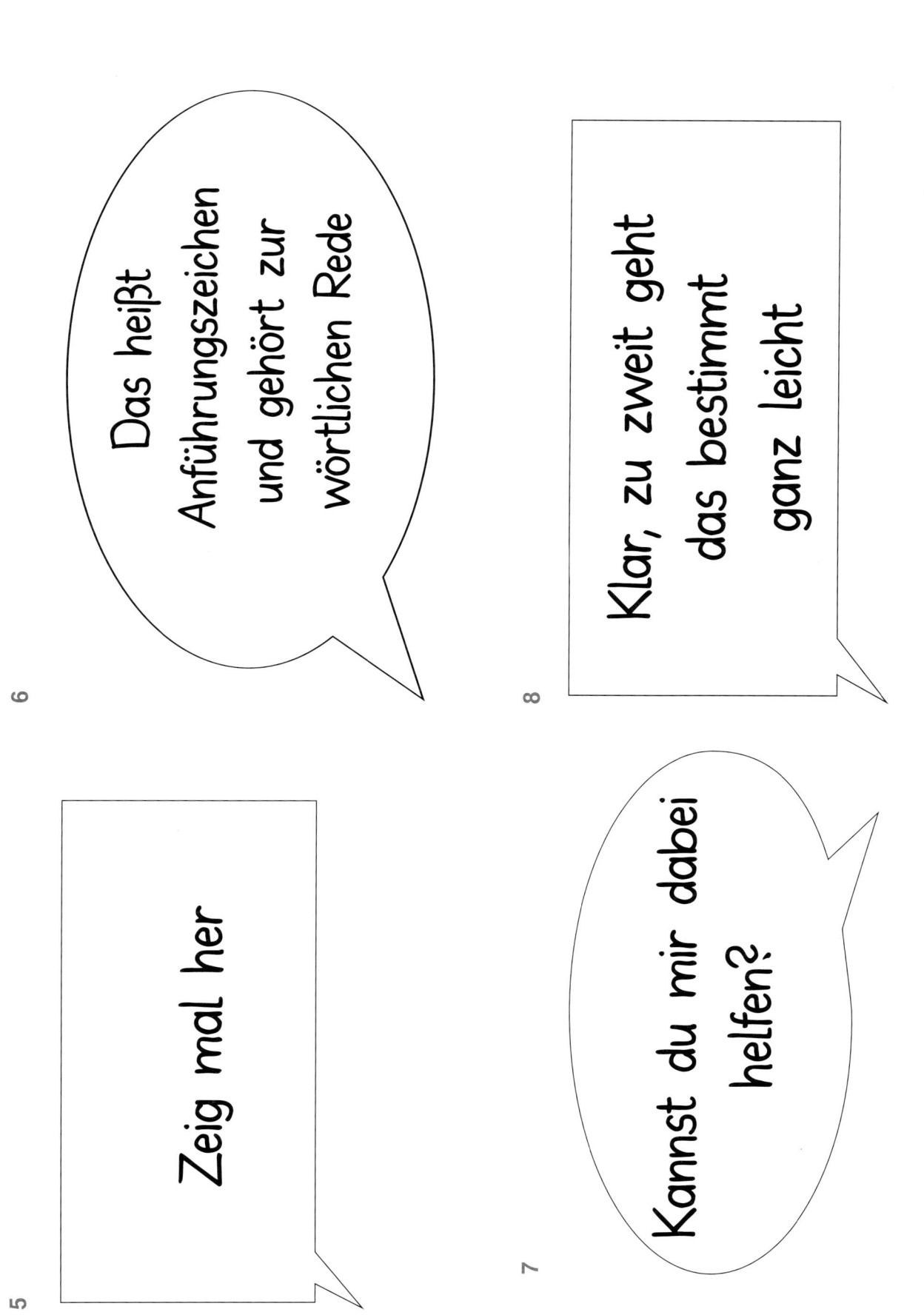

Wörtliche Rede

LS 01.M1

5
Zeig mal her

6
Das heißt Anführungszeichen und gehört zur wörtlichen Rede

7
Kannst du mir dabei helfen?

8
Klar, zu zweit geht das bestimmt ganz leicht

Wörtliche Rede

Irma₁	Mats₂
Irma₃	Mats₄
Irma₅	Mats₇
Irma₆	Irma₈
bittet₇	
lacht₈	

| ruft₁ | antwortet₂ | fragt₃ | jammert₄ | sagt₅ | erklärt₆ |

Wörtliche Rede

LS 01.M2

A3 Schreibe das Gespräch in der richtigen Reihenfolge auf und trage die richtigen Satz- und Redezeichen mit Rotstift ein.

Ein Gespräch richtig aufschreiben

A1 Markiere zunächst alles, was zu einem Satz gehören soll, mit einer Farbe.
Dazu brauchst du eine Sprechblase, ein Verb und einen Namen.
Verwende für den nächsten Satz eine neue Farbe.

A2 Ordne das Gespräch, indem du Zahlen in die Kreise schreibst.

| Irma | Irma | Irma | Irma | Mats | Mats |
| lacht | ruft | frag | sagt | bittet | erklärt | antwortet | jammert |

Sprechblasen:
- Kannst du mir dabei helfen
- Zeig mal her
- Klar, zu zweit geht das bestimmt ganz leicht
- Hallo Irma
- Was machst du denn für ein Gesicht
- Das heißt Anführungszeichen und gehört zur wörtlichen Rede
- Grüß dich, Mats
- Ich muss hier so doofe Gänsefüßchen eintragen

LS 02 Wörtliche Rede

LS 02 Eine Mindmap zum Wortfeld „sagen" anlegen und nutzen

		Zeitrichtwert	Lernaktivitäten	Material	Kompetenzen
1	PL	5'	L skizziert den Ablauf der Einheit.		– mit einem Partner kommunizieren – lesen und markieren – die Stimme zielgerichtet einsetzen – Mindmap anlegen – ein Spiel regelgebunden spielen – Mindmap textgebunden nutzen
2	PL	5'	Ein S liest die Satzkarte entspechend der dazu gezogenen Verbkarte vor. Die Klasse errät das Verb. Dann Lehrerinfo zum Wortfeld „sagen".	4 Wortkarten, 1 Satzkarte	
3	EA/PA	5'	S notieren Wörter zum Wortfeld, die sie bereits kennen. Danach Austausch mit Nachbar.	Notizpapier	
4	GA	15'	S markieren Wörter in der Wörterliste, entsprechend der vorgegebenen Kategorien, und füllen dann die Mindmap mit diesen aus.	M1, M2, Buntstifte, Lineal	
5	GA	10'	S vergleichen ihre Mindmaps und beraten sich. Dann spielen sie das Spiel „Wörter raten".	M2, M3	
6	PA	5'	S füllen mit ihrer Mindmap den Lückentext aus.	M2, M4	

Merkposten

Die Verbkarten und die Satzkarte wird vom L vorab beschriftet. M1 wird für jede Gruppe benötigt, M2 und M4 für jedes Kind. Die Spielkärtchen M3 werden für jede Gruppe hergestellt (zwei Farben, kartoniertes Papier).

Erläuterungen zur Lernspirale

Ziel der Stunde ist es, mit den Kindern auf anwendungsbezogene Art und Weise die Verwendung vielfältiger Verben im Hinblick auf Redebegleitsätze einzuüben. Zu Beginn steht dabei zunächst die Wortschatzerweiterung zum Wortfeld „sagen" im Fokus.

Zum Ablauf im Einzelnen:
Im **1. Arbeitsschritt** erläutert der Lehrer das Vorgehen für die folgende Lernspirale.

Für den **2. Arbeitsschritt** bittet der Lehrer ein Kind zu sich. Diesem zeigt nun der Lehrer eine Karte, auf der ein anderes Wort für „sagen" steht (brüllen, jammern, stottern oder flüstern) und einen Zettel mit einem Redesatz („Ich esse am liebsten Zitroneneis"). Der Freiwillige erhält nun die Aufgabe, den Redesatz in der durch das Verb vorgegebenen Art und Weise vorzulesen. Die Klasse darf anschließend erraten, was auf der anderen Karte steht. Mit demselben Satz und nach dem gleichen Muster folgen weitere drei Beispiele mit der nächsten Testperson.

Im Anschluss daran folgt ein kurzer Lehrervortrag zur Bedeutung des abwechslungsreichen Einsatzes für das Wort „sagen":

> **Vorschlag für den Lehrerinput:**
> Je nachdem, wie man etwas sagt, verändert sich die Stimmung in einem Text oder einem Gespräch. Deshalb ist es wichtig, viele Wörter für das Wort „sagen" kennenzulernen, damit der Leser bei der wörtlichen Rede erkennen kann, wie die Sprechsätze gemeint sind.

Der **3. Arbeitsschritt** dient zum einen dazu, sicherzustellen, dass die Kinder den Kern der Inputphase verstanden haben und zum anderen der Aktivierung des Vorwissens zum Wortfeld „sagen". Zunächst notiert sich jedes Kind in Einzelarbeit Wörter, die für das Wort „sagen" stehen können. In einer Murmelphase sollen sich die Kinder anschließend kurz mit ihrem Banknachbarn austauschen und bei Bedarf offene Fragen klären.

Für den **4. Arbeitsschritt** werden Dreiergruppen ausgelost. Jede Gruppe erhält eine Wörterliste (M1) und für jedes Kind eine Mindmapvorlage (M2). Gemeinsam ordnet die Gruppe die Wörter aus M1 den Oberbegriffen aus M2 zu, indem zuerst die Wörter in der Liste, entsprechend der vorgegebenen Kategorien, mit unterschiedlichen Farben markiert werden und dann die Mindmap gefüllt wird.

Im **5. Arbeitsschritt** werden Vierergruppen ausgelost, möglichst so, dass kein Kind einen Partner aus dem vorigen Arbeitsschritt in seinem Team hat. Zunächst werden die Mindmaps verglichen und bei Bedarf ergänzt. Anschließend folgt das Spiel „Wörter raten" (M3). Der Kleinste darf beginnen, zieht von jedem Kartenstapel eine Karte und trägt die wörtliche Rede, je nach gezogener Verbkarte, vor. Die übrige Gruppe muss das so „vorgespielte" Wort erraten. Dabei darf die Mindmap verwendet werden, wodurch die Kinder den zielgerichteten Einsatz dieser einüben. Wer das Wort als erstes erraten hat, ist als nächster dran.

Für den abschließenden **6. Arbeitsschritt** ist eine Transferphase vorgesehen, in deren Rahmen die Kinder die Nutzung der Mindmap textgebunden erproben. Die Aufgabe besteht darin, die Lücken in den Redebegleitsätzen auf M4 mithilfe der Mindmap möglichst treffend zu füllen.

Wörtliche Rede

02 Eine Mindmap zum Wortfeld „sagen" anlegen und nutzen

Ordne die Wörter aus dem Wortfeld „sagen" in deine Mindmap ein.
Markiere zuerst in der Tabelle:

Tipp
Markiere die Wörter für „normal" und „besonders" zuletzt!

| leise/undeutlich → lila | laut → hellblau | wütend → grau | fröhlich → gelb | unglücklich → grün |
| bittend/fordernd → rot | antwortend → orange | fragend → braun | besonders → rosa | normal → dunkelblau |

jauchzen	widersprechen	drohen	verlangen
erläutern	hinzufügen	lachen	seufzen
meinen	rätseln	begrüßen	schildern
empfehlen	nuscheln	schluchzen	schimpfen
brüllen	ächzen	berichten	beruhigen
bitten	jammern	überlegen	rufen
entgegnen	betteln	meckern	erklären
loben	grölen	zugeben	stöhnen
protestieren	flüstern	heulen	behaupten
lispeln	stottern	schreien	versprechen
vermuten	quengeln	scherzen	plappern
wimmern	murmeln	sich erkundigen	flehen
wiederholen	fragen	wissen wollen	einwenden
hauchen	befehlen	tadeln	jubeln
toben	kreischen	sich bedanken	zustimmen

Wörtliche Rede

Worte für "sagen"

- leise/undeutlich
- besonders
- bittend/fordernd
- wütend
- antwortend
- fröhlich
- fragend
- unglücklich
- laut
- normal

Wörter raten

Karten für jede Gruppe auf kartoniertes Papier kopieren und zuschneiden.
Wenn man zwei Farben verwendet, kann jede Gruppe Satz- und Verbkarten in unterschiedlichen Farben erhalten.
Jedes Kind darf für das Spiel seine Mindmap zum Wortfeld „sagen" verwenden.

Satz	Verb
Ich habe heute so viele Hausaufgaben. Das schaffe ich bestimmt nicht!	**stöhnen**
Du darfst es niemandem verraten! Es ist ein Geheimnis.	**flüstern**
Oh nein! Ich habe ein echtes Gespenst gesehen.	**stottern**
Ach bitte, bitte kauft mir das Kaninchen! Ich möchte unbedingt ein Haustier.	**betteln**
Wenn du das noch einmal machst, sage ich es unserer Lehrerin.	**drohen**
Tor, Tor, Tor! Ich habe ein Tor geschossen!	**jubeln**
Ich habe solche Zahnschmerzen!	**jammern**
Das ist wirklich der beste Witz, den ich jemals gehört habe.	**lachen**
Das ist mir jetzt aber peinlich, dass ich deinen Geburtstag vergessen habe.	**nuscheln**
Ich kann dich nicht hören, der Motor ist so laut.	**brüllen**

Die wörtliche Rede und das Wortfeld „sagen"

Damit man bei der wörtlichen Rede erkennen kann, wie das Gesprochene gemeint ist, solltest du möglichst treffende Wörter für das Wort „sagen" verwenden.

Fülle passende Wörter für „sagt" in die Lücken! Deine Mindmap hilft dir dabei.

Setze die Satzzeichen mit Farbe ein.

Lena _____ aufgeregt   Hurra, wir fahren nach Italien

Oma _____ Möchtest du lieber Erdbeertorte- oder Apfelkuchen

Mein Kopf tut weh _____ Caspar

Achtung, ich komme _____ sie

Die Mutter _____ streng   Mach sofort deine Hausaufgaben

Julia _____ Tut mir Leid

Elias _____ Finn _____ Ich bin genau deiner Meinung

Schön dich zu sehen, Emil _____ Jojo seinen Freund

Morgen gebe ich dir dein Buch sicher zurück _____ Maja

Helene _____ Ach lass mich doch noch einmal fahren

Woher wohl diese Ameisen in der Küche kommen _____ Oma.

☺☺☺ <u>Zum Schluss noch ein Witz</u> ☺☺☺

Vater ist ärgerlich. Nicht zu fassen, dass du schon wieder 18 Fehler im

Diktat hast _____ er.

Sein Sohn _____ Was kann denn ich dafür, dass meine

Lehrerin immer wie verrückt danach sucht.

LS 03 Eine Sonderform der wörtlichen Rede entdecken

		Zeitrichtwert	Lernaktivitäten	Material	Kompetenzen
1	PL	5'	L erläutert den Ablauf der Stunde.		– Unbekanntes im Trial-and-Error-Verfahren erproben – markieren – kooperativ Regeln erarbeiten – kommunizieren und kooperieren – sich gegenseitig kontrollieren und beraten – sich absprechen und eine Teampräsentation vorbereiten – visualisieren – präsentieren und erklären
2	EA	10'	S markieren Redesätze bzw. Redebegleitsätze und fügen Zeichensetzung ein (Trial-and-Error-Methode).	M1.A1–2, Stifte, Lineal	
3	PA	20'	Tandems erarbeiten sich anhand von M2 die Regeln für die wörtliche Rede mit eingeschobenem Beleitsatz selbst und kontrollieren ihre Sätze aus Schritt 2. Dann werden Sätze entsprechend dieser Regeln umgebaut und mit den richtigen Satzzeichen versehen (M3).	M1, M2.A1–3, M3.A1–2, Schere, Papier, Stifte	
4	GA	30'	S überprüfen Aufgaben aus Tandemarbeit und beraten sich. Im Team werden selbst Sätze der gleichen Bauart erfunden, auf große Papierstreifen geschrieben und mit Satzzeichen versehen. Die Reihenpräsentation wird eingeübt.	M3, große Papierstreifen	
5	PL	10'	Gruppen präsentieren und erhalten Feedback.	Satzkarten	
6	PA	15'	S bearbeiten Übungsaufgaben.	M4.A1–2	

Erläuterungen zur Lernspirale

Ziel der Doppelstunde ist es, den Kindern die wörtliche Rede mit eingeschobenem Begleitsatz näherzubringen. Ausreichend Erfahrungen bezüglich der wörtlichen Rede mit vorangestelltem und nachgestelltem Begleitsatz sind für eine erfolgreiche Durchführung dieser Einheit eine dringend erforderliche Vorraussetzung.

Zum Ablauf im Einzelnen:
Im **1. Arbeitsschritt** erläutert der Lehrer den Kindern den Verlauf der Lernspirale.

Im **2. Arbeitsschritt** erhält jedes Kind das Arbeitsblatt M1 und unterstreicht in Einzelarbeit alles, was zur ersten wörtlichen Rede gehört, mit einer Farbe (außer rot), Redesätze mit einer durchgezogenen Linie und Redebegleitsätze mit einer gestrichelten Linie. Beim nächsten Satz mit direkter Rede wird die Farbe gewechselt. Nach Abschluss der Markierungsarbeit fügen die Schüler mit einem Rotstift die Rede- und Satzzeichen so ein, wie sie es für richtig halten.

Für den **3. Arbeitsschritt** werden per Los Tandems gebildet. Gemeinsam lesen die Kinder mit ihrem Partner den Merksatz auf M2, betrachten die Beispiele und kontrollieren ihre Sätze aus dem vorigen Arbeitsauftrag. Anschließend dürfen die Tandems aus Sätzen mit voran- oder nachgestelltem, solche mit eingeschobenem Begleitsatz herstellen. Dazu werden die Satzstreifen, die sich auf M3 befinden, abgetrennt und an geeigneter Stelle durchgeschnitten. Anschließend werden die Sätze auf ein Blatt geklebt und mit den erforderlichen Satz- und Redezeichen versehen. Die unteren Streifen auf M3 dienen zur Differenzierung in diesem und auch im folgenden Arbeitsschritt.

Im **4. Arbeitsschritt** werden Zufallsgruppen zu je drei oder vier Teilnehmern gebildet. Zunächst werden die Ergebnisse aus der Tandemarbeit gemeinsam verglichen und gegebenenfalls berichtigt. Als Nächstes erfinden die Teams selbst Sätze mit eingeschobenen Begleitsätzen und schreiben diese auf große Papierstreifen. Die erforderlichen Satz- und Redezeichen werden rot eingetragen. Die Redesätze und die Redebegleitsätze können farbig markiert werden. Sollte dieser Arbeitsschritt für einzelne Gruppen zu komplex sein, können diese die grauen Sätze auf M3 verwenden.

Zum Abschluss wird die für den **5. Arbeitsschritt** vorgesehene Reihenpräsentation eingeübt. Die Teams sollen dabei ihre selbst erstellten Sätze präsentieren, sowie die Satz- und Redezeichenregelung für die wörtliche Rede mit eingeschobenem Begleitsatz erklären. Wie bei einer Reihenpräsentation üblich, sollte dabei jedes Teammitglied einen Teil des Vortrages übernehmen. Die Klasse oder der Lehrer berichtigen bei Bedarf und geben ein Feedback.

Der **6. Arbeitsschritt** ist als Transferphase vorgesehen. Die Schüler erledigen die Übungsaufgaben auf M4 alleine, mit einem Partner oder als Hausaufgabe.

✓ Merkposten

Jedes Kind benötigt eine Kopie von M1, M2, M3 und M4. M1 wird im halben Klassensatz kopiert und vorher zugeschnitten.

Desweiteren sollten ausreichend große Papierstreifen und Plakatstifte bereitgehalten werden.

Tipp

Zur Bildung von Zufallsgruppen kann auch durchgezählt werden (zum Beispiel bis 6, wenn sechs Gruppen gebildet werden sollen). Möchte man bei komplexen Aufgabenstellungen sicherstellen, dass sich in jeder Gruppe ein leistungsstarkes Kind befindet, so können diese Kinder auch gesetzt werden (also je ZG ein schneller Lerner).

LS 03.M1 Wörtliche Rede

03 Eine Sonderform der wörtlichen Rede entdecken

A1 Unterstreiche die wörtliche Rede mit einer Farbe (außer rot) so:
Redebegleitsatz ....
Redesatz _____
Wechsle die Farbe, sobald jemand anderer spricht.

A2 Wo kommen die Satzzeichen (. , ! ? :) und die Redezeichen („") hin?
Probiere es aus! Verwende dazu einen Rotstift.

Endlich sind Sommerferien _Natürlich darf Julia länger aufbleiben_
_Aber irgendwann ist Schluss_Julia_ _ ruft Mama_ _ los ins Bett_ _
Na gut _ lenkt Julia ein_ _darf ich denn noch etwas lesen_ _
Meinetwegen _ antwortet ihre Mutter_ _ aber nur noch eine
halbe Stunde_ _ _Vielleicht_ _ kommt Julia eine Idee _ _kannst
du mir ja auch etwas vorlesen_ _ Ihre Mutter ist einverstanden_
Aber _ erwidert sie_ _ vorher werden die Zähne geputzt_ _
In Ordnung _ freut sich Julia_ _ich beeile mich_ _
_So_ _ ruft Mama_ _und jetzt schnell ins Bett_ _
Sie sucht für Julia eine besonders schöne Geschichte aus_

✂ — ✂

A1 Unterstreiche die wörtliche Rede mit einer Farbe (außer rot) so:
Redebegleitsatz ....
Redesatz _____
Wechsle die Farbe, sobald jemand anderer spricht.

A2 Wo kommen die Satzzeichen (. , ! ? :) und die Redezeichen („") hin?
Probiere es aus! Verwende dazu einen Rotstift.

Endlich sind Sommerferien _Natürlich darf Julia länger aufbleiben_
_Aber irgendwann ist Schluss _Julia_ _ ruft Mama_ _ los ins Bett_ _
Na gut _ lenkt Julia ein_ _darf ich denn noch etwas lesen_ _
Meinetwegen _ antwortet ihre Mutter_ _ aber nur noch eine
halbe Stunde_ _ _Vielleicht_ _ kommt Julia eine Idee _kannst du
mir ja auch etwas vorlesen_ _ Ihre Mutter ist einverstanden_
Aber _ erwidert sie_ _ vorher werden die Zähne geputzt_ _
In Ordnung _ freut sich Julia_ _ich beeile mich_ _
_So_ _ ruft Mama_ _und jetzt schnell ins Bett_ _
Sie sucht für Julia eine besonders schöne Geschichte aus_

Die wörtliche Rede mit eingeschobenem Begleitsatz

A1 Lies dir zusammen mit deinem Partner die Regel durch und betrachte das Beispiel dazu.

A2 Kontrolliert nun eure „Experimente" mit der Selbstkontrolle.

A3 Habt ihr alles verstanden? Probiert es aus! Zerschneidet die Satzstreifen (M3) so, dass Sätze mit eingeschobenem Begleitsatz entstehen.
Klebt nun die Sätze auf und fügt mit rot die richtigen Satzzeichen ein.

Regel

Wie du jetzt sicher schon festgestellt hast, kann der Begleitsatz bei der wörtlichen Rede nicht nur vor oder nach dem Redesatz stehen.

„Ich freue mich, dass du gekommen bist", sagte Philip.
Philip sagte: „Ich freue mich, dass du gekommen bist."

Er kann auch in die wörtliche Rede eingeschoben werden.

„Ich freue mich", sagte Philip, „dass du gekommen bist."

**Ist der Begleitsatz eingeschoben, wird er durch Kommas abgetrennt.
Achtung: Die Kommas stehen außerhalb der Anführungszeichen!**

„Ich freue mich" , sagte Philip , „dass du gekommen bist."

**Im ersten Teil kann nie ein Ausrufezeichen, ein Fragezeichen oder ein Punkt stehen, denn der Sprechsatz ist ja noch nicht beendet.
Alles was tatsächlich gesagt wird, steht wie immer in Anführungszeichen („")**.

Endlich sind Sommerferien. Natürlich darf Julia länger aufbleiben. Aber irgendwann ist Schluss. „Julia", ruft Mama, „los ins Bett!"
„Na gut", lenkt Julia ein, „darf ich denn noch etwas lesen?"
„Meinetwegen", antwortet ihre Mutter, „aber nur noch eine halbe Stunde." „Vielleicht", kommt Julia eine Idee „kannst du mir ja auch etwas vorlesen?" Ihre Mutter ist einverstanden. „Aber", erwidert sie, „vorher werden die Zähne geputzt!"
„In Ordnung" , freut sich Julia, „ich beeile mich."
„So", ruft Mama, „und jetzt schnell ins Bett!"
Sie sucht für Julia eine besonders schöne Geschichte aus.

LS 03.M3 Wörtliche Rede

Sätze mit wörtlicher Rede umbauen

A1 Trenne die Satzstreifen ab.
Zerschneide die Satzstreifen an passenden Stellen und klebe die Abschnitte so auf,
dass Sätze mit eingeschobenem Begleitsatz entstehen.
Die grauen Streifen sind nur für besonders schnelle Teams.

A2 Füge nun noch fehlende Satz- und Redezeichen mit Rotstift ein.

Beispiel:

„So ein Quatsch , das glaubst du doch selber nicht ! ", rief Lena .

↓

„So ein Quatsch" , rief Lena , „ das glaubst du doch selber nicht!"

„ Das habt ihr toll gemacht , alles ist richtig ! " , lobt die Lehrerin .

„ Lass uns gehen, mir ist langweilig!", stöhnt Lina .

Vater schimpft : „ Wenn du nicht kommst, musst du dableiben ! "

Finn lacht : „ Wartet nur , ich krieg euch schon noch ! "

„ Das weiß ich auch nicht so genau " , antwortet er .

„ Bei so einem Wetter geht man doch ins Freibad " , meint Lina .

Opa stöhnt: „ Drei Kilometer kann ich nicht laufen . "

Die wörtliche Rede mit eingeschobenem Begleitsatz

A1 Setze die fehlenden Satzzeichen (. , ! ? :) und Redezeichen ein („ ").

Biomüll – zu schade für die Tonne!

He   ruft Katja   was machst du denn da

Ich werfe meine Bananenschale in die Mülltonne, warum antwortet Emil

Aber dafür   seufzt Katja   gibt es doch jetzt die neue Biotonne

Ach ja   fragt Emil verdutzt   und was soll das bringen

Sie erläutert   Da in unserem Restmüll immer noch eine Menge wertvolle Energie drinsteckt, wird er gesammelt und verwertet

Und was bitteschön   will Emil wissen   kann man daraus machen

Kleine Bakterien machen daraus Biogas. Das Gas wird anschließend verbrannt und so Strom erzeugt   erläutert Katja

Das   gibt Emil zu   ist ja eine richtig tolle Sache

A2 Baue die wörtliche Rede zweimal so um, dass jeweils ein Satz mit nach- und vorangestelltem Begleitsatz entsteht.

„Das gibt es doch nicht", seufzt der Lehrer, „dass du es schon wieder vergessen hast!"

1 Der Lehrer seufzt _____

2 „Das gibt es doch nicht, _____

„Wenn ich einmal groß bin", ruft Philip, „will ich Tierarzt werden."

1 _____

2 _____

LS 04 Wörtliche Rede

LS 04 Eine Lerntheke zielgerichtet nutzen

		Zeitrichtwert	Lernaktivitäten	Material	Kompetenzen
1	PL	10'	L macht den Ablauf transparent und stellt die Lerntheke in kurzer Form vor. Er legt den zeitlichen Rahmen fest.	M1–5, M7	– das eigene Lernen planen – kooperieren – eigene Arbeit reflektieren – bilanzieren – Vorsätze fassen – Feedback geben und annehmen – gezielt Fragen stellen
2	EA	5'	S verschaffen sich einen Überblick über die Lerntheke und planen ihre Arbeit.	M1–5, M7	
3	offen	wird vom L festgelegt	S bearbeiten Wahlaufgaben alleine, zu zweit oder zu dritt.	M1–5, M7, Mindmap aus LS02	
4	GA	10'	S berichten in Zufallsgruppen über ihre Arbeit.	M1–5, M7	
5	EA	5'	S bilanzieren (Was war gut, was war schwierig?) und fassen Vorsätze für die nächste individuelle Lernzeit.	M6	
6	PL	5'	Einzelne S stellen Bilanz dem Plenum vor. Plenum gibt Feedback.	M6	

✓ Merkposten

M1 bis M5 werden in mehrfacher Ausfertigung benötigt. Den Reflexionsbogen (M6) benötigt jedes Kind (absichtlich ohne Überschrift und daher auch in anderen Situationen einsetzbar).

M5 und M7 werden auf kartoniertes Papier kopiert.

Tipp
Wenn es um das gegenseitige Beraten, Feedback- und Tippsgeben unter Schülern geht, neigen Lehrer allzu gerne dazu, sich zu früh einzumischen. Dies stört und behindert aber nicht selten kooperative und Selbstlernprozesse. Daher gilt: Ruhe bewahren, zunächst selbst machen lassen und erst abschließend – wenn nötig – ein Feedback geben.

Erläuterungen zur Lernspirale

Ziel der Stunden ist es, am Beispiel einer Lerntheke zum Thema „Wörtliche Rede", einen Weg aufzuzeigen, wie Kinder in offenen Unterrichtsformen gleichzeitig inhaltlich und methodisch lernen und üben können. Werden Lerntheken, Lernstraßen, Wochenpläne und dergleichen wiederholt in dieser Art und Weise durchgeführt, lernen die Kinder selbstbestimmt und zielgerichtet zu arbeiten.

Einen Kernpunkt bei diesen Lernprozessen stellt dabei der Aufbau mit verbindlichen Interaktionsphasen dar, in deren Rahmen die Kinder über ihr Lernen nachdenken, Bericht erstatten, Feedback durch Klassenkameraden bekommen und sich gegeseitig beraten.

Das vorliegende Lernarrangement ist aufbauend auf die ersten Lernspiralen konzipiert. Es kann aber auch zu beliebigen anderen Lerntheken, Lernstraßen oder Wochenplänen in dieser Art durchgeführt werden.

Zum Ablauf im Einzelnen:

Im **1. Arbeitsschritt** macht der Lehrer den bevorstehenden Ablauf transparent. Er stellt die Aufgaben der Lerntheke in kurzer Form vor und gibt an, wie viel Zeit für die individuelle Bearbeitung vorgesehen ist.

Die Lerntheke umfasst folgende Materialien und kann nach Belieben durch andere Aufgaben zum Thema „Wörtliche Rede" erweitert werden:

- M1: Bausatz für einen elefantösen Witz
- M2: Merksätze vervollständigen
- M3: Was passt zusammen?
- M4: Witze, Witze, Witze!
- M5: Aufgabenkarte zu Satz- und Verbkarten
- M6: Reflexionsbogen
- M7: Satz- und Verbkarten

M7 kann dabei durch den Kartensatz LS02.M3 erweitert werden.

Im **2. Arbeitsschritt** verschaffen sich die Kinder einen Überblick über die Lerntheke. Sie überlegen, was sie in ihrer persönlichen Lernzeit bearbeiten möchten und ob sie dies alleine, mit einem Partner oder zu dritt tun möchten.

Im **3. Arbeitsschritt** bearbeiten die Kinder die ausgewählten Aufgaben. Sie suchen sich Partner, die die gleichen Aufgaben bearbeiten möchten oder arbeiten alleine.

Im **4. Arbeitsschritt** werden Zufallsgruppen ausgelost (je drei bis fünf Kinder). Reihum berichten die Kinder nun ihrer Gruppe, welche Aufgaben sie ausgewählt haben und zeigen oder erzählen von ihrem Arbeitsergebnis. Der Rest des Teams kann Fragen stellen oder Tipps geben.

Für den **5. Arbeitsschritt** ist die Eigenreflexion vorgesehen. Die Kinder bilanzieren: Was war gut und was war schwierig? Sie füllen den Reflexionsbogen M6 aus, der ihnen beim Ordnen ihrer Gedanken helfen kann. Zum Abschluss überlegt sich jedes Kind, was es sich für die nächste individuelle Lernzeit vornehmen möchte.

Im **6. Arbeitsschritt** werden einzelne Kinder ausgelost, die ihre Bilanz von der Lernzeit vortragen und erzählen, was sie sich für das nächste Mal vorgenommen haben. Die Klasse kann wiederum Fragen stellen und Feedback geben.

04 Eine Lerntheke zielgerichtet nutzen

Bausatz für einen elefantösen Witz

Schneide die Bausteine aus.
Lege Schritt für Schritt einen Witz daraus.
Überlege genau, an welcher Stelle die Satzzeichen
und die Redezeichen stehen müssen.
Klebe zuletzt den Witz auf.

Elefant, komm mal raus aus dem Wasser	und steigt aus dem Wasser	Bitte Elefant	du kannst wieder reingehen	Sag mal, kannst du mir mal erklären was das sollte	Nein	Ich wollte nur sehen, ob du meine Badehose anhast
	Also gut		Gut		ich schwimme gerade so schön	
Sagt	seufzt	bettelt	meint	Da schimpft	antwortet	entschuldigt sich
		.		.		
		„		„		
		"		"		
		!		,		
:	.	,	:	.	,	.
„	„	„	„	„	„	„
!	,	.	,	?	,	,
"	"	"	"	"	"	"
die Maus	der Elefant	die Maus	die Maus	der Elefant	der Elefant	die Maus

LS 04.M2 Wörtliche Rede

Merksätze vervollständigen

Ergänze die Merksätze richtig und finde Beispiele dazu.
Die Wörter ganz unten helfen dir dabei, die Lücken richtig auszufüllen.

Regeln der wörtlichen Rede

Bei der wörtlichen Rede steht das, was tatsächlich gesprochen wird,

immer zwischen _____ .

Man nennt diesen Teil _____ .

Der _____ kann vor oder hinter dem Redesatz stehen.

Außerdem kann der auch _____ sein.

Der Begleitsatz steht vorne

Steht der Begleitsatz vor dem Redesatz,

folgt nach dem Begleitsatz ein _____ .

_____: „……………………………………………………………………………………………………." (Aussage)

_____: „……………………………………………………………………………………………………?" (Frage)

_____: „……………………………………………………………………………………………………!" (Befehl/Bitte)

Der Begleitsatz steht hinten

Nachgestellte Begleitsätze werden

mit einem _____ abgetrennt.

Bei den Redesätzen verzichtet man hier auf den _____ ,

nicht aber auf Ausrufezeichen oder Fragezeichen.

„………………………………………………………………………………", _____ . (Aussage)

„………………………………………………………………………………?", _____ . (Frage)

„………………………………………………………………………………!", _____ . (Befehl/Bitte)

Der Begleitsatz steht in der Mitte

Wird die wörtliche Rede von einem Begleitsatz unterbrochen,

dann wird der Begleitsatz durch _____ abgetrennt.

„……………………………………………………", _____ , „…………………………………………………!?"

Redesatz, Redebegleitsatz, Doppelpunkt, Anführungszeichen, eingeschoben, Komma, Punkt, Kommas

Wörtliche Rede

LS 04.M3

Was passt zusammen?

Welcher Redesatz passt zu welchem Redebegleitsatz?
Setze die Teile zusammen und schreibe die Sätze unten auf
Denke auch an die passenden Satz- und Redezeichen (. , ! ? : „ ")!

- Die deutsche Mannschaft hat 3 Tore erzielt
- Kannst du mir eine Tintenpatrone leihen?
- Isabel erkundigt sich
- Los doch, schießt ein Tor
- feuert Caspar seine Mannschaft an
- Raphael bittet Julia
- Ich habe solche Zahnschmerzen
- Wer war das
- Wie geht es dir heute
- begrüßt Helene den Direktor
- Hannah jammert
- will die Lehrerin wissen
- Hallo Herr Müller
- berichtet der Reporter

LS 04.M4 Wörtliche Rede

Witze, Witze, Witze!

A1 Fülle die Lücken mit treffenden Wörtern für das Wort „sagen".
Verwende dazu deine Mindmap zum Wortfeld „sagen".

A2 Füge anschließend alle fehlenden Satzzeichen (. , ! ? :) und Redezeichen („") ein.

Herr Zoll betritt den Buchladen und _____ Sie sind doch Uhrmacher

Ja, natürlich _____ der freundliche Mann im Laden

Könnten sie dann vielleicht meinen Hund reparieren _____ Herr Zoll

Ihren Hund? Was fehlt ihm denn? _____ der Uhrmacher

Er bleibt alle fünf Minuten stehen _____ Herr Zoll

Der 5-jährige Emil hat noch nie ein Wort gesprochen

Eines Tages _____ er am Mittagstisch   Es fehlt Salz in der Suppe   Die

Eltern sind ganz baff   Seine Mutter _____ E-E-Emil, warum hast du denn

die ganze Zeit nichts gesagt Wir waren ja voller Sorge

Warum _____ Emil   bis jetzt war das Essen doch immer in Ordnung

---

Eine Oma zeigt dem Busfahrer ihre Fahrkarte. Das ist ja eine Kinderfahrkarte meine

Dame _____ der Busfahrer _____ die alte Dame   Da können

sie mal sehen, wie lange ich auf diesen Bus gewartet habe

Herr Müller hat Besuch von einem alten Freund   Bald kommt Müllers Hund ins Wohnzimmer

und _____ Kannst du mir die Zeitung geben

Der Freund _____ Das ist ja das Tollste, was ich je gesehen habe

Herr Müller _____ Ach was, der alte Angeber kann doch gar nicht lesen

Der guckt sich bloß die Bilder an

Wenn sie noch nie einen 37-Euro-Schein gesehen haben _____ der wütende

Kunde an der Kasse   wie können Sie dann behaupten, dass er falsch ist

Wörtliche Rede

LS 04.M5 Aufgabenkarte zu Satz- und Verbkarten

Die Satz- und den Verbkarten kannst du auf unterschiedliche Weise verwenden.
Schneide die Kärtchen zuerst aus und suche dir dann eine Aufgabe deiner Wahl aus.

Aufgabe 1: Was gehört zusammen?
Welche Wörter für „sagen" passen zu den Sätzen?
Ordne sie einander zu. Achtung! Es sollten keine Kärtchen übrigbleiben.

Aufgabe 2: Sätze mit wörtlicher Rede bauen
Welche Wörter für „sagen" passen zu den Sätzen? Ordne sie einander zu.
Schreibe die Sätze nun mit Begleitsätzen richtig in dein Heft.
Die Personen, die sprechen, darfst du selbst erfinden.
Denke auch an die richtigen Satzzeichen und Anführungszeichen.

Aufgabe 3: Spiel „Wörter raten"
Der Kleinste Spieler darf beginnen und zieht von jedem Kartenstapel eine Karte.
Nun liest er den Satz so vor, wie es auf der „sagen"-Karte steht
(auch wenn das nicht zur Satzkarte passt ☺).
Die übrige Gruppe muss das so „vorgespielte" Wort erraten.
Dabei darf jeder seine Mindmap zum Wortfeld „sagen" verwenden.
Wer das Wort als erstes erraten hat, ist als nächster dran.

LS 04.M6 Name: _____

Das habe ich gearbeitet:

_____

_____

So schätze ich mich ein:

Rückspiegel	⚠	☹	☺
Ich habe fleißig gearbeitet.			
Ich habe passende Aufgaben ausgewählt.			
Ich habe gut mit anderen zusammengearbeitet.			
Ich konnte mich gut konzentrieren.			

Das nehme ich mir für die nächste Lernzeit vor:

_____

_____

LS 04.M7 — Wörtliche Rede

Satz- und Verbkarten

Karten für jede Gruppe auf kartoniertes Papier kopieren und zuschneiden.
Wenn man zwei Farben verwendet, kann jede Gruppe Satz- und Verbkarten in unterschiedlichen Farben erhalten.
Jedes Kind darf für das Spiel seine Mindmap zum Wortfeld „sagen" verwenden.

Satzkarten	Verbkarten
Kann ich mal die Marmelade haben	ächzen
Das ist ja der Wahnsinn, wie schwer dieser Schrank ist	bitten
Wenn du das noch einmal machst, bekommst du Ärger mit mir	befehlen
Wenn du wüsstest, was ich weiß…	heulen
Komm sofort hierher zu deinem Herrchen, Struppi	vermuten
Da ist er, unser Superstar	quengeln
Ach bitte Mama, ich will diese eklige Suppe nicht essen	beschweren
Mein großer Bruder hat mich schon wieder geärgert	murmeln
Immer muss ich so früh ins Bett gehen	knurren
Ich denke, dass ich ein neues Fahrrad zum Geburtstag bekomme	kreischen

LS 05 Aus einem Dialog eine Geschichte entwickeln

		Zeitrichtwert	Lernaktivitäten	Material	Kompetenzen
1	PL	5'	L erläutert den Ablauf der Einheit.		– zielgerichtet Informationen in einem Text markieren – Sichwortliste verfassen – erklären und nachfragen – Informationen austauschen – kooperieren – Sprechsätze in Absprache verfassen – eine Reihenfolge festlegen – Strukturmuster beim Schreiben nutzen – präsentieren – zielgerichtet Feedback geben
2	EA	10'	S erlesen den Text M1 oder M2 und markieren Argumente, die für bzw. gegen die Anschaffung eines Hundes sprechen. Danach erstellen sie stichwortartig eine Argumente-Liste.	M1.A1–2, M2.A1–2, Notizpapier	
3	PA	10'	Mit dem Partner klären die S offene Fragen und ergänzen gemeinsam ihre Liste.	Zettel mit Stichworten	
4	GA	10'	Jeweils zwei Tandems mit Komplementärtexten bilden ein Team. S tauschen ihre Argumente aus und finden passende Redesätze für die Sprechblasen. Anschließend bilden sie durch Nummerieren eine Reihenfolge für den Dialog.	Zettel mit Stichworten, M3.A1–3	
5	EA	20'	S schreiben auf Basis der Sprechblasen eine Geschichte, deren Zentrum der Dialog bildet.	M3, M4	
6	GA	20'	S tragen sich ihre Geschichten vor und überprüfen sie auf Stimmigkeit bzw. formale Richtigkeit.	M4	
7	PL	15'	Zwei bis drei Freiwillige tragen ihre Geschichte vor. L und S geben ein Feedback.	M4	

Erläuterungen zur Lernspirale

Ziel der Doppelstunde ist es, das aufgebaute Wissen über die wörtliche Rede praktisch anzuwenden. Zunächst besteht die Aufgabe darin, Informationen zum Thema „Anschaffung eines Hundes – pro und contra" zu sammeln und Schritt für Schritt anzureichern. Anschließend soll daraus ein sinnvoller Dialog mit stichhaltigen Argumenten entwickelt werden.

Zum Ablauf im Einzelnen:

Im **1. Arbeitsschritt** erläutert der Lehrer das Vorgehen für die bevorstehende Lernspirale.

Im **2. Arbeitsschritt** werden die Basistexte verteilt. Je die Hälfte der Klasse erhält M1 beziehungsweise M2. Die Kinder haben nun die Aufgabe, die Texte in Einzelarbeit zu erlesen und wichtige Informationen, welche für beziehungsweise gegen die Anschaffung eines Hundes sprechen, zu markieren. Anschließend sollen sie die Informationen stichwortartig auf einem Notizzettel auflisten.

Der **3. Arbeitsschritt** dient sowohl als Nachhilfephase als auch der Anreicherung der gesammelten Informationen. Jedes Kind bekommt einen Partner mit dem gleichen Basistext zugelost. Im Tandem werden zunächst Verständisfragen bezüglich des Textes geklärt. Danach werden die notierten Argumente verglichen und Fehlendes ergänzt.

Für den **4. Arbeitsschritt** ist der Austausch der eigenen Argumente mit denen der Gegenseite vorgesehen. Hierzu werden jeweils zwei Tandems mit unterschiedlichen Basistexten per Los zu einer Gruppe zusammengeführt. Nachdem beide Tandems ihre Argumente dargelegt haben, versucht das Team diese als Redesätze zu formulieren und damit die Sprechblasen auf M3 auszufüllen. Zum Abschluss werden die Sprechblasen so nummeriert, dass daraus ein Gespräch entsteht. Die Teams achten dabei darauf, dass sich Argumente und Gegenargumente abwechseln. Die Sprechblasen dienen in der folgenden Phase als Grundlage für das Verfassen einer Geschichte.

5. Arbeitsschritt: Nun schreibt jedes Kind in einer Einzelarbeitsphase eine Geschichte auf, welche ein Streitgespräch oder eine Diskussion beinhaltet. Der Geschichtenanfang (M4) soll dabei den Start erleichtern.

Im **6. Arbeitsschritt** finden sich die Gruppen aus Schritt 4 wieder zusammen und tragen sich ihre Geschichten gegenseitig vor. Dabei überprüfen sie diese auf inhaltliche und formale Stimmigkeit. Kleine Korrekturen können vorgenommen werden.

Im **7. Arbeitsschritt** tragen zwei bis drei Freiwillige ihre Geschichte vor und erhalten ein Feedback. Eine Schreibkonferenz und das Verbessern und Übertragen der Geschichte in Reinschrift können sich anschließen.

✓ Merkposten

Die Basistexte M1 und M2 müssen jeweils als halber Klassensatz kopiert werden. M3 und M4 benötigt jedes Kind.

Tipp

Für die Gruppenbildung können die Basistexte M1 und M2 mit Zahlen und Buchstaben beschriftet werden, sodass jede Zahl viermal vorkommt, jeweils zweimal in Verbindung mit dem Buchstaben A und zweimal mit B (1A, 1A, 1B,1B, 2A, 2A, 2B,...). Teilt man die Texte nun willkürlich aus, entstehen automatisch Zufallsgruppen (gleiche Zahl) und Zufallstandems (gleiche Zahl und gleicher Buchstabe).

Hinweis

Für das Anlegen von Stichwortlisten empfiehlt sich das Papierformat A5.

LS 05.M1 Wörtliche Rede

05 Aus einem Dialog eine Geschichte entwickeln

Gründe für die Haltung eines Hundes

A1 Lies den Text und markiere dabei Gründe, die dafür sprechen, sich einen Hund als Haustier anzuschaffen.

A2 Erstelle eine Liste mit den Argumenten. Schreibe in Stichworten.

Der beste Freund des Menschen

Das älteste Haustier des Menschen ist der Hund. Auch heute noch ist er als Weggefährte sehr beliebt. Alleine in deutschen Haushalten leben etwa 7 Millionen Hunde.

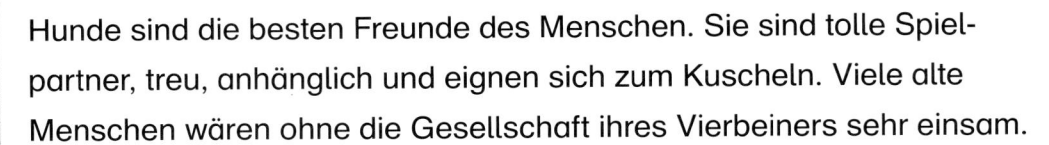

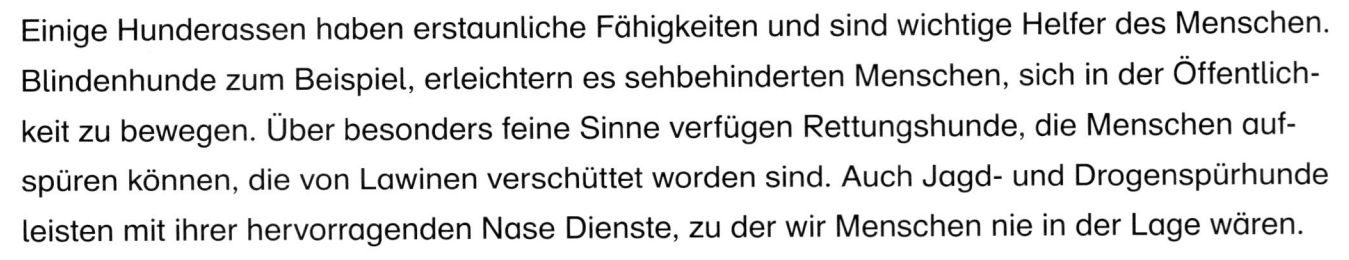

Hunde sind die besten Freunde des Menschen. Sie sind tolle Spielpartner, treu, anhänglich und eignen sich zum Kuscheln. Viele alte Menschen wären ohne die Gesellschaft ihres Vierbeiners sehr einsam.
Einige Hunderassen haben erstaunliche Fähigkeiten und sind wichtige Helfer des Menschen. Blindenhunde zum Beispiel, erleichtern es sehbehinderten Menschen, sich in der Öffentlichkeit zu bewegen. Über besonders feine Sinne verfügen Rettungshunde, die Menschen aufspüren können, die von Lawinen verschüttet worden sind. Auch Jagd- und Drogenspürhunde leisten mit ihrer hervorragenden Nase Dienste, zu der wir Menschen nie in der Lage wären.

Hunde sind intelligent, lernfähig und können sich dem Menschen gut anpassen. Deshalb kann man sie im Gegensatz zu vielen anderen Haustieren auch gut erziehen. Da sich Hunde als Familienangehörige betrachten und ab einer bestimmten Größe über eine enorme körperliche Stärke verfügen, bieten sie Menschen auch Sicherheit, weil sie ihre Rudelmitglieder bei Gefahr beschützen. Da Hunde viel Auslauf brauchen, bringen sie ihre Halter außerdem dazu, sich zu bewegen.

Kinder profitieren ausgesprochen viel von der Haltung eines Hundes. Sie lernen durch den Umgang mit Hunden, ein anderes Lebewesen zu verstehen und Verantwortung zu übernehmen. Sie beobachten das Verhalten des Tieres und lernen dadurch, wie ein Hund auf ihre Sprache und ihr Handeln reagiert.

Gründe gegen die Haltung eines Hundes

A1 Lies den Text und markiere dabei Gründe, die dagegen sprechen, sich einen Hund als Haustier anzuschaffen.

A2 Erstelle eine Liste mit den Argumenten. Schreibe in Stichworten.

Hunde in der Familie – was Sie beachten sollten

Viele Kinder wünschen sich einen Hund als Haustier. Auch wenn Kinder gleich in mehrfacher Hinsicht von der Beziehung zu einem Hund profitieren, sollten Sie vor der Anschaffung eines Vierbeiners einige wichtige Punkte beachten.

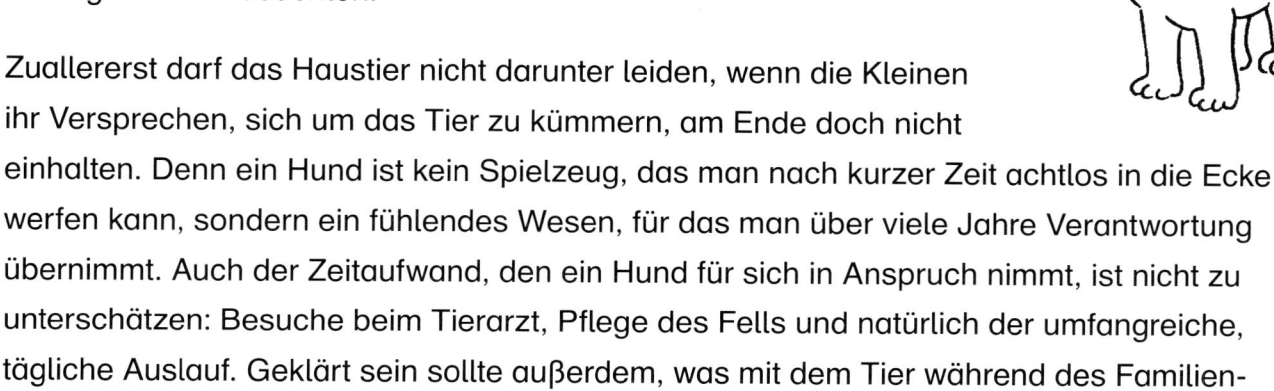

Zuallererst darf das Haustier nicht darunter leiden, wenn die Kleinen ihr Versprechen, sich um das Tier zu kümmern, am Ende doch nicht einhalten. Denn ein Hund ist kein Spielzeug, das man nach kurzer Zeit achtlos in die Ecke werfen kann, sondern ein fühlendes Wesen, für das man über viele Jahre Verantwortung übernimmt. Auch der Zeitaufwand, den ein Hund für sich in Anspruch nimmt, ist nicht zu unterschätzen: Besuche beim Tierarzt, Pflege des Fells und natürlich der umfangreiche, tägliche Auslauf. Geklärt sein sollte außerdem, was mit dem Tier während des Familienurlaubs geschehen soll.

Auch der finanzielle Aufwand für einen Hund läppert sich schnell zu einem beträchtlichen Sümmchen. Neben den Kosten für das Futter und das Zubehör, sollten Sie auf jeden Fall auch im Blick haben, dass das Tier regelmäßig zum Tierarzt sollte. Auch Hundesteuer und Versicherung müssen für das Tier bezahlt werden.

Allzu penible Menschen sollten besser die Finger von Hunden lassen. Hunde verlieren Haare, tragen Dreck in die Wohnung und riechen nicht immer besonders gut.

Die Anschaffung eines Hundes sollte daher gut überlegt sein und nicht aus einer Laune heraus geschehen.

Herr Angrik und Mats unterhalten sich

Mats möchte unbedingt einen Hund als Haustier.
Herr Angrik ist sich nicht sicher, ob das eine gute Idee ist.
Welche Argumente (Gründe) könnten die beiden austauschen?

A1 Schreibt in die Sprechblasen, was Herr Angrik (rot) und Mats (Bleistift) sagen könnten.

A2 Tragt in die Kreise Zahlen ein, um festzulegen, in welcher Reihenfolge wer wann was sagt.

A3 Lässt sich Herr Angrik von Mats überzeugen, einen Hund zu kaufen?
Überlegt euch einen Schluss für die Diskussion.

Sein größter Wunsch

Führe die Geschichte weiter und schreibe auf, was Herr Angrik und Mats besprechen. Verwende bei der wörtlichen Rede unterschiedliche Verben. Deine Mindmap hilft dir dabei. Denke auch an die richtigen Satz- und Redezeichen.

Tipp:
Verwende nicht ausschließlich wörtliche Rede, da deine Geschichte ansonsten unübersichtlich wird.

> Mats hat bald Geburtstag. Er möchte unbedingt einen Hund als Haustier haben. Nichts wünscht er sich sehnlicher. Leider ist Herr Angrik, sein Vater, da etwas skeptisch. Sie beschließen, sich am Wochenende zusammenzusetzen, um das Thema gemeinsam zu besprechen.

LS 06 Eine Fabel nacherzählen und mit wörtlicher Rede ausschmücken

		Zeitrichtwert	Lernaktivitäten	Material	Kompetenzen
1	PL	5'	L erläutert den Ablauf der Stunde.		– sich parallel zu einem Vortrag Notizen machen – einen Spickzettel entwerfen – gezielt Fragen stellen und erklären – wörtliche Rede zielgerichtet anwenden – zuhören und beraten – eine Schreibkonferenz regelgebunden durchführen
2	PL	20'	L erklärt, was eine Nacherzählung ist und welche Regeln dafür gelten. Dann liest er zweimal die Fabel M2 vor. Beim zweiten Durchgang machen die S Notizen.	M1 (auf Folie), Papier, M2	
3	EA	10'	S ergänzen Spickzettel oder notieren Fragen.		
4	PA	15'	S vergleichen und ergänzen ihre Stichworte. Danach füllen sie gemeinsam die Sprechblasen aus und überlegen sich, wie man die Fabel nacherzählen könnte und erproben dies.	Stichwortzettel, M3.A1–2	
5	GA	20'	Jeder S erzählt in der Zufallsgruppe die Fabel nach. Zuhörer beraten die Vortragenden bzgl. Vollständigkeit und Qualität.	Stichwortzettel, M3	
6	EA	30'	Jeder S formuliert auf Grundlage seines Konzeptes eine Nacherzählung schriftlich aus.	Stichwortzettel, M3	
7	GA	35'	S führen eine Schreibkonferenz (Textlupe) durch und fertigen eine Reinschrift ihrer Fabel an.	eigene Fabel, M4	

✓ Merkposten

M1 wird in Form einer OHP-Folie oder als Handout für jedes Kind benötigt. M3 und M4 sind im Klassensatz zu kopieren.

Für die Bildung der Zufallsgruppen und -tandems bedarf es geeigneter Losgegenstände (Kartenspiel, …).

Hinweis
Wenn die Klasse die Überarbeitungsmethode „Textlupe" noch nie angewandt hat, empfiehlt es sich, diese ausführlich zu besprechen.

Erläuterungen zur Lernspirale

Ziel der Stunden ist es, der Klasse die bereichernde Wirkung der wörtlichen Rede beim Verfassen von Texten erfahrbar werden zu lassen. Dazu eignet sich die Textgattung Fabel, da diese immer die Interaktion von zwei oder mehr Akteuren thematisiert und sich daher die wörtliche Rede als Stilmittel aufdrängt. Die Schreibkonferenz in Form einer „Textlupe" ermöglicht eine gezielte Schwerpunktbildung auf die wörtliche Rede bei der Beratung.

Zum Ablauf im Einzelnen:
Im **1. Arbeitsschritt** erläutert der Lehrer den Ablauf der bevorstehenden Lernspirale.

Im **2. Arbeitsschritt** erläutert (oder wiederholt) der Lehrer in groben Zügen, welche Regeln für das Verfassen einer Nacherzählung zu beachten sind. Zur Visualisierung des Lehrervortrages kann dabei M1 auf OHP-Folie kopiert werden. Anschließend liest der Lehrer die Fabel „Der Löwe und die Maus" ein erstes Mal vor. Bei einem zweiten Durchgang haben die Kinder die Aufgabe, die Fabel in Stichwörtern mitzuschreiben.

Im **3. Arbeitsschritt** komplettieren die Kinder ihre Stichwörter. Dieser Schritt ist notwendig, da die Mitschrift unter Zeitdruck erfolgt ist. Außerdem überprüfen die Kinder, ob sie die Regeln, welche für eine Nacherzählung gelten, verstanden haben. Dazu ist es sinnvoll, M1 als Handout bereitzustellen.

Im **4. Arbeitsschritt** werden Zufallstandems ausgelost. Die Kinder vergleichen und ergänzen ihre gefundenen Stichworte. Anschließend gehen sie gemeinsam M1 durch und stellen sicher, dass sie die Regeln verstanden haben. Ist diese „Nachhilfephase" absolviert, überlegen sich die Tandems, welche Redesätze sie in die Fabel einbauen könnten und schreiben diese in die Sprechblasen (M3). Abschließend wird gemeinsam ein erster Versuch unternommen, die Fabel unter Einbeziehung der Redesätze nachzuerzählen.

Für den **5. Arbeitsschritt** werden Dreiergruppen gebildet. Beim Auslosen sollte darauf geachtet werden, dass die Tandems aus der vorigen Phase nicht zusammen in einer Gruppe sind, damit die Vorarbeit durch neue Tipps angereichert werden kann. Jeder darf nun unter Verwendung des Spickzettels nacherzählen. Die Zuhörer beraten anschließend den jeweils Vortragenden bzgl. Vollständigkeit der Fabel und Qualität der Sprechsätze. Bei Bedarf werden die Sprechsätze und die Stichwortliste verbessert oder ergänzt.

Im **6. Arbeitsschritt** wird die Fabel in Einzelarbeit ausformuliert.

Im **7. Arbeitsschritt** erfolgt eine Schreibkonfernz in Zufallsgruppen. Die Beratung erfolgt nach der Methode „Textlupe". Die Texte werden reihum dem rechten Nachbarn gereicht, wobei jeder Text eine „Textlupe" mit auf den Weg bekommt. Die Kinder lesen die fremden Texte und notieren auf dem Rückmeldezettel ihre Anmerkungen oder Tipps dazu.

06 Eine Fabel nacherzählen und mit wörtlicher Rede ausschmücken

Regeln zur Nacherzählung

- Bei der Nacherzählung geht es darum, eine **vorgegebene Geschichte** in eigenen Sätzen verständlich zu erzählen oder aufzuschreiben.
- Die Nacherzählung darf etwas kürzer sein, als die gehörte oder gelesene Geschichte (Fabel,…).
- Wichtige Infos der Geschichte (Fabel,…) müssen aber noch vorhanden sein.
- Die Geschichte (Fabel,…) darfst du nicht völlig verändern, indem du etwas Neues dazu erfindest.
- Eine Nacherzählung schreibt man in der Zeitform Präteritum (Vergangenheit).

Tipps zur Nacherzählung

So kannst du den Aufbau der Nacherzählung planen:
- Schreibe die Einleitung, den Hauptteil und den Schluss gegliedert in Stichworten auf:

   → **Einleitung: Wer? Wo? Was?**

   → **Hauptteil: Was passiert? Wie passiert es?**

   → **Schluss: Warum? (ist die Geschichte so ausgegangen)**

- Schmücke die Nacherzählung aus (zum Beispiel mit wörtlicher Rede).
- Achte auf verschiedene Satzanfänge (stelle die Sätze um, die gleich beginnen).
- Erzähle den **Höhepunkt ausführlich** (Einleitung und Schluss kurz).

LS 06.M2 Wörtliche Rede

Hier wird nur über eine Fabel von Äsop erzählt …

Der Löwe und die Maus

Eine kleine Maus lief über einen schlafenden Löwen. Der Löwe erwachte, ergriff das Mäuschen mit seinen gewaltigen Tatzen und wollte es fressen. Die Maus bat um Verzeihung für ihre Unvorsichtigkeit und flehte ihn an, sie zu verschonen. Außerdem versprach sie dem Löwen, sich erkenntlich zu zeigen, wann immer er ihre Hilfe benötigen würde.

Großmütig schenkte der Löwe ihr die Freiheit und musste lächeln, weil so ein kleines Mäuschen auf die Idee gekommen war, dass er je ihre Hilfe benötigen könne.

Kurze Zeit darauf geriet der Löwe auf seiner Jagd in eine Falle. Ein stabiles Netz hielt den gewaltigen König der Tiere gefangen. Der Löwe tobte und zerrte an den Maschen, aber es half nichts. Der Löwe konnte sich kaum darin bewegen. Das Mäuschen hörte in seinem Bau das fürchterliche Gebrüll des Löwen, lief neugierig dahin, von wo das Brüllen herkam und fand seinen Wohltäter in einem Netz gefangen. Sogleich eilte ihm die Maus zu Hilfe und zernagte einige Knoten des Netzes, sodass der Löwe mit seinen Tatzen das übrige Netz zerreißen konnte.

So zeigte die Maus ihre Dankbarkeit für die Großzügigkeit des Löwen. Selbst die kleinsten Wesen können den größten und mächtigsten hilfreich sein, weshalb man sich ihnen gegenüber nicht hochmütig verhalten sollte.

Der Löwe und die Maus

…in einer richtigen Fabel dürfen aber Tiere zu Wort kommen.

A1 Überlege, was Maus und Löwe sagen und trage es in die Sprechblasen ein.

A2 Wie sagen sie es?
Sammle unten passende Verben für das Wort „sagen".

Der Löwe _____

Die Maus _____

LS 06.M4 — Wörtliche Rede

Textlupe für die Fabel von _____

	Das gefällt mir gut	Hier … … fehlt etwas … würde ich den Redesatz verändern … würde ich ein anderes Wort für „sagen" einfügen	Mein Vorschlag/ Tipp dazu
Berater 2: _____ (Ich markiere in deinem Text grün)			
Berater 1: _____ (Ich markiere in deinem Text gelb)			

LS 07 Die indirekte Rede mit der Expertenmethode erarbeiten

		Zeitrichtwert	Lernaktivitäten	Material	Kompetenzen
1	PL	5'	L erläutert den Ablauf der Stunde.		– grammatikalische Strukturen selbstständig erarbeiten – erklären und kontrollieren – einen mehrschrittigen Arbeitsauftrag erledigen – eine Regel mit Beispielen belegen – ein Plakat übersichtlich gestalten – kooperativ präsentieren – sich im Team abstimmen und einigen – Feedback geben
2	EA	10'	S erlesen zuerst Informationstext auf M1, M2 oder M3 und die dazugehörigen Beispiele. Dann lösen sie die Multiple-Choice-Aufgabe.	M1–3	
3	GA	20'	S klären Basisinformationen und kontrollieren die Multiple-Choice-Aufgabe. Dann formen sie die Sätze auf M4 um und erstellen einen Spickzettel für das Gruppenpuzzle.	M1–4	
4	GA	20'	S informieren sich im Gruppenpuzzle gegenseitig über ihre Form der indirekten Rede. Gemeinsam erstellen die S ein Plakat mit einem eigenen Beispiel zu den drei Variationsmöglichkeiten. S bereiten Präsentation vor.	M4, Plakate	
5	PL	15'	Zwei bis drei Teams erläutern die indirekte Rede in einer kooperativen Präsentation.	Plakate	
6	PA	20'	In Tandems bearbeiten und kontrollieren S M5.	M5.A1–3	

Erläuterungen zur Lernspirale

Ziel der Doppelstunde ist es, das Wissen in Bezug auf die Wiedergabe von Gesprochenem zu vervollständigen. Die indirekte Rede spielt im alltäglichen Sprachgebrauch kaum eine Rolle und ist dadurch für Kinder nicht leicht zu erfassen. Daher geht es im Rahmen dieser Lernspirale in erster Linie darum, die indirekte Rede in ihren Grundzügen verstehen zu lernen. Um ein Grundverständis zu ermöglichen, muss dabei möglichst kleinschrittig vorgegangen werden. Die Kinder spezialisieren sich zunächst auf eine von drei Erscheinungsformen, um sich dann im Rahmen eines Gruppenpuzzles gegenseitig zu informieren.

Zum Ablauf im Einzelnen:
Im **1. Arbeitsschritt** gibt der Lehrer einen Überblick über den Ablauf der bevorstehenden Lernspirale.

Im **2. Arbeitsschritt** erhält jeweils ein Drittel der Klasse den Informationstext M1, M2 oder M3. Alle drei enthalten eine Beschreibung der indirekten Rede, sowie jeweils die Erklärung einer Möglichkeit, wie diese gebildet werden kann. In Einzelarbeit haben die Kinder die Aufgabe, die Erklärung zu erlesen und die Beispiele nachzuvollziehen. Im Anschluss daran sollen sie mithilfe der Multiple-Choice-Aufgabe überprüfen, ob sie die Informationen verstanden haben.

3. Arbeitsschritt: Jeweils drei Kinder mit demselben Informationstext bilden eine Expertengruppe. Zuerst besprechen die Teams die Basisinformation ihres Textes und prüfen, ob sie die Multiple-Choice-Aufgabe richtig gelöst haben. Im Anschluss daran geht das Team daran, die Sätze aus M4 im Sinne ihres Informationstextes in die indirekte Rede umzuformen. Zum Abschluss dieser Phase fertigen sie sich einen Spickzettel für das nun folgende Gruppenpuzzle an.

Im **4. Arbeitsschritt** setzen sich die Puzzlegruppen aus jeweils einem Experten mit unterschiedlicher Vorbereitung zusammen (Dreiergruppen). Jeder Experte erläutert nun in seinem Team, wie er die indirekte Rede gebildet hat. Da die Experten die gleichen Sätze bearbeitet haben, wird klar, dass es unterschiedliche Möglichkeiten für die Bildung der indirekten Rede gibt. Gemeinsam erstellt die Puzzlegruppe ein Plakat, auf dem alle drei Möglichkeiten anhand eines Beispielsatzes dargestellt werden. Zur Visualisierung der unterschiedlichen Möglichkeiten werden die entsprechenden Stellen in den Sätzen farbig hervorgehoben.

Für den **5. Arbeitsschritt**, werden zwei Gruppen ausgelost, welche die indirekte Rede anhand ihres Beispieles erläutern. Der Lehrer und die Klasse ergänzen die Präsentierenden.

Der **6. Arbeitsschritt** dient als Übungsphase. Es werden Zufallstandems gebildet, die gemeinsam einen Text mit wörtlicher Rede umformen und diesen anschließend kontrollieren (M5).

Tipp
M1 bis M3 müssen für jeweils ein Drittel der Klasse kopiert werden. M4 und M5 benötigt jedes Kind.

Gruppenbildung
Für die Gruppeneinteilung können die Zettel wie folgt beschriftet werden: Hinter die Zahl der Expertengruppe wird ein Buchstabe notiert, wenn es mehrere Expertengruppen mit dem gleichen Auftrag geben soll.

Bei „Puzzlegruppe" wird eine Zahl verzeichnet, die kennzeichnet, bei welcher Puzzlegruppe das Kind als Experte mitarbeiten soll. Hier ist darauf zu achten, dass jede Puzzlegruppe aus Experten mit unterschiedlichen Aufträgen besteht.

LS 07.M1 — Wörtliche Rede

Expertengruppe 1 _____   Puzzlegruppe _____

Die Redewiedergabe – Möglichkeit 1

A1 Lies die Regel durch und schaue dir die Beispiele genau an.

Bei der Redewiedergabe (indirekten Rede) wird kurz berichtet, was eine andere Person gesagt, geschrieben oder gedacht hat.

Sprechblasen:
- Juhu! Ich verstehe das alles gut.
- Sag mal hörst du schlecht? Sie sagt, sie verstehe alles gut.
- Was sagt sie?

Anders als bei der wörtlichen Rede, gibt es keine Anführungszeichen.

Man verwendet die Redewiedergabe vor allem in Texten, zum Beispiel Berichten oder Fabeln.

Es gibt verschiedene Möglichkeiten der Redewiedergabe. Hier lernst du eine davon:

Wörtliche Rede: Mutti antwortete ihr: „Nein, das kannst du nicht."

Redewiedergabe: Ihre Mutti antwortete ihr, sie könne das nicht.

Wörtliche Rede: Vater lobte Anna: „Das machst du gut!"

Redewiedergabe: Vater lobte Anna, sie mache das gut.

Die Redewiedergabe beginnt mit der Redeeinleitung, damit der Leser weiß, dass man die Rede einer anderen Person wiedergibt.

Außerdem verändert sich das Verb bei der Redewiedergabe.

A2 Überprüfe, ob es sich hier um richtig gebaute Redewiedergaben handelt.

Aussage	richtig	falsch
1. Franz sagt, „er habe keine Arbeit mehr."	☐	☐
2. Emil freut sich: „Ich bin fertig mit der Arbeit."	☐	☐
3. Sein Vater meinte, er könne mitkommen.	☐	☐

Expertengruppe 1 ____ **Puzzlegruppe** ____

Die Redewiedergabe – Möglichkeit 2

A1 Lies die Regel durch und schaue dir die Beispiele genau an.

Bei der Redewiedergabe (indirekten Rede) wird kurz berichtet, was eine andere Person gesagt, geschrieben oder gedacht hat.

(Sprechblasen: "Juhu! Ich verstehe das alles gut." — "Sag mal hörst du schlecht? Sie sagt, dass sie alles gut verstehe." — "Was sagt sie?")

Anders als bei der wörtlichen Rede, gibt es <u>keine Anführungszeichen</u>.

Man verwendet die Redewiedergabe vor allem in Texten, zum Beispiel Berichten oder Fabeln.

Es gibt verschiedene Möglichkeiten der Redewiedergabe. Hier lernst du <u>eine</u> davon:

Wörtliche Rede: Mutti antwortete ihr: „Nein, das kannst du nicht."

Redewiedergabe: Ihre Mutti antwortete ihr, dass sie das nicht könne.

Wörtliche Rede: Vater lobte Anna: „Das machst du gut!"

Redewiedergabe: Vater lobte Anna, dass sie das gut mache.

Die Redewiedergabe beginnt mit der Redeeinleitung,

damit der Leser weiß, dass man die Rede einer anderen Person wiedergibt.

Danach kommt das Wort „dass" und das veränderte Verb.

A2 Überprüfe, ob es sich hier um richtig gebaute Redewiedergaben handelt.

Aussage	richtig	falsch
1. Franz sagt, „dass er keine Arbeit mehr habe."	☐	☐
2. Emil freut sich: „Ich bin fertig mit der Arbeit."	☐	☐
3. Sein Vater meinte, dass er mitkommen könne.	☐	☐

LS 07.M3 — Wörtliche Rede

Expertengruppe 1 _____   **Puzzlegruppe** _____

Die Redewiedergabe – Möglichkeit 3

A1 Lies die Regel durch und schaue dir die Beispiele genau an.

Bei der Redewiedergabe (indirekten Rede) wird kurz berichtet, was eine andere Person gesagt, geschrieben oder gedacht hat.

Sprechblasen:
- „Juhu! Ich verstehe das alles gut."
- „Sag mal hörst du schlecht? Sie sagt, sie würde alles gut verstehen."
- „Was sagt sie?"

Anders als bei der wörtlichen Rede, gibt es <u>keine Anführungszeichen</u>.

Man verwendet die Redewiedergabe vor allem in Texten, zum Beispiel Berichten oder Fabeln.

Es gibt verschiedene Möglichkeiten der Redewiedergabe. Hier lernst du <u>eine</u> davon:

> **Wörtliche Rede:** Mutti antwortete ihr: „Nein, das kannst du nicht."
> **Redewiedergabe:** Ihre Mutti antwortete ihr, sie **würde** das nicht **können**.

> **Wörtliche Rede:** Vater lobte Anna: „Das machst du gut!"
> **Redewiedergabe:** Vater lobte Anna, sie **würde** das gut **machen**.

Die Redewiedergabe beginnt mit der **Redeeinleitung**, damit der Leser weiß, dass man die Rede in einer anderen Person wiedergibt. Danach wird das Wort **„würde"** ergänzt und das **Verb in die Grundform** gesetzt.

A2 Überprüfe, ob es sich hier um richtig gebaute Redewiedergaben handelt.

Aussage	richtig	falsch
1. Franz sagt, „er würde keine Arbeit mehr haben."	☐	☐
2. Emil freut sich: „Ich bin fertig mit der Arbeit."	☐	☐
3. Sein Vater meinte, er würde mitkommen können.	☐	☐

Klippert Zeitgemäß unterrichten

Wörtliche Rede umformen

Wandle die wörtliche Rede in Redewiedergabe (indirekte Rede) um.

1) Der Lehrer versprach: „Es gibt keine Hausaufgaben."

2) „Das Essen schmeckt mir gut", lobte Hannah.

3) Der Feuerwehrmann erklärt: „Ich hole manchmal Katzen von Bäumen."

4) Philip erzählte: „In den Ferien besuche ich meine Oma in Kenia."

5) Die Maus versprach: „Ich kann dir in der Not helfen."

6) Der Löwe sagte stolz zur Maus: „Du kannst mir niemals helfen."

LS 07.M5 — Wörtliche Rede

Eine Fabel umformen

A1 Falte den Kontrollabschnitt unten um, bevor du mit der Arbeit beginnst. Unterstreiche nun alle Sätze mit wörtlicher Rede.

A2 Schreibe die Fabel auf und ersetze dabei die wörtliche Rede durch Sätze mit Redewiedergabe (indirekter Rede).

A3 Nun kannst du den Kontrollrand wieder umklappen und deine Arbeit überprüfen.

Der Fuchs und der Storch

nach Äsop

Ein Fuchs hatte einen Storch zu Gast und setzte ihm die leckersten Speisen vor, aber auf ganz flachen Tellern. Aus diesen konnte der Storch mit seinem langen Schnabel nichts fressen. Gierig schleckte der Fuchs alles allein auf,
obwohl er ihn unaufhörlich bat: „Lass es dir doch schmecken, Storch!"
Der Storch fühlte sich betrogen, ließ sich aber nichts anmerken.
Er lobte den Fuchs: „Deine Bewirtung ist wunderbar!"
Dann sagte er: „ Ich will dich morgen auch zum Essen einladen."
Der Fuchs ahnte: „Bestimmt will der Storch sich rächen."
Darum sagte er: „Ach nein, ich möchte dir nicht zur Last fallen!"
Der Storch antwortete: „Es ist mir aber eine Ehre, Fuchs."
Der Fuchs willigte schließlich ein.
Als er nun am nächsten Tag zum Storch kam, fand er alle möglichen Leckerbissen aufgetischt, aber nur in langhalsigen Vasen.
„Folge meinem Beispiel", rief ihm der Storch zu, „tue, als wärst du zu Hause." Dann steckte er seinen Schnabel in die Vasen und schlürfte alles allein,
während der Fuchs nichts abbekam.
Hungrig stand er vom Tisch auf und gestand sich ein: „Der Storch hat mich für meine bösen Absichten gebührend bestraft."

Selbstkontrolle:

So könnten deine Sätze aussehen. Es gibt aber auch noch andere Möglichkeiten. Frage deinen Lehrer, wenn du dir unsicher bist.

1) Gierig schleckte der Fuchs alles allein auf, obwohl er den Storch unaufhörlich bat, es sich schmecken zu lassen.
2) Er lobte den Fuchs, dass seine Bewirtung wunderbar wäre.
3) Dann sagte er, er würde ihn für den nächsten Tag (morgen) auch zum Essen einladen wollen.
4) Der Fuchs ahnte, der Storch würde sich bestimmt rächen wollen.
5) Darum sagte er, er wolle ihm nicht zur Last fallen.
6) Der Storch antwortete ihm, dass es ihm eine Ehre wäre.
7) Der Storch rief ihm zu, er solle seinem Beispiel folgen und sich wie zu Hause fühlen.
8) … und gestand sich ein, dass ihn der Storch gebührend für seine bösen Absichten bestraft habe.

Wörtliche Rede — LS 08

LS 08 Ein Interview zu Berufen durchführen und darüber berichten

		Zeitrichtwert	Lernaktivitäten	Material	Kompetenzen
1	PL	5'	L gibt einen Überblick über die Lernspirale.		– einem Vortrag folgen – kategorisieren (offene/geschlossene Fragen) – kooperieren und Ideen austauschen – Fragen ordnen – ein Interview durchführen – Ergebnisse eines Interviews verarbeiten
2	PL	10'	L informiert über den Unterschied zwischen offenen und geschlossenen Fragen bzw. erläutert deren Einsatz bei Interviews.	Tafel	
3	EA	5'	S lesen Beispiele und kategorisieren.	M1.A1	
4	PA	15'	S kontrollieren in Tandems Aufgaben M1. Dannach sammeln die Tandems Fragen für ein Interview.	M1.A2, M2.A1–2	
5	GA	25'	Teams tauschen Fragen aus, bilden eine Reihenfolge und bereiten den Interviewbogen vor.	M2, M3	
6	GA	30'	S führen Interview und notieren Antworten.	M3	
7	GA	45'	S lesen M4 und klären offene Fragen. Anschließend verfassen sie den Bericht. Ggf. schließt sich eine Schreibkonferenz/Präsentation an.	M4	

Erläuterungen zur Lernspirale

Ziel der Stunden ist es, der Klasse eine Möglichkeit zu bieten, das erworbene Wissen im Bezug auf die indirekte Rede praktisch anzuwenden. Dazu eignet sich besonders die Berichtfassung eines Interviews, da zum einen hier jede Menge wörtliche Rede als Ausgangsmaterial zur Verfügung steht und zum anderen die indirekte Rede im Präsens verfasst werden kann. Die Klasse soll möglichst vielfältige Informationen zu einer Berufsgruppe mittels Interviews eines Experten (Eltern, Betriebe vor Ort) sammeln und einen Interview-Artikel dazu verfassen. Beim Verfassen des Berichtes geht es nun nicht so sehr darum, alles stur in indirekte Rede umzuformen, sondern eher um eine pragmatische Anwendung. Das heißt, dass sich indirekte Rede, direkte Rede und auch Umschreibungen abwechseln können.

Zum Ablauf im Einzelnen:

Im **1. Arbeitsschritt** erläutert der Lehrer den Ablauf. Bereits vor Beginn sollte vereinbart worden sein, welche vier Kinder zusammen eine Interviewgruppe bilden und über welchen Beruf sie sich informieren. Außerdem sollten Absprachen mit den Experten getroffen worden sein.

Im **2. Arbeitsschritt** zeigt der Lehrer den Unterschied zwischen offenen bzw. geschlossenen Fragen anhand von zwei bis drei Beispielen auf und erläutert die Vorteile der offenen Fragestellung bei Interviews. Der Inhalt der Inputphase kann in Form eines Tafelanschriebes visualisiert werden (siehe M1).

Im **3. Arbeitsschritt** überprüfen die Kinder in Einzelarbeit, ob sie offene und geschlossene Fragen voneinander unterscheiden können, indem sie die Beispiele auf M1 kategorisieren.

Für den **4. Arbeitsschritt** werden Tandems, bestehend aus je zwei Kindern der späteren Interviewgruppe, gebildet. Zunächst überprüfen die Partner ihre Arbeit aus dem vorigen Schritt und klären offene Fragen. Anschließend suchen sie nach der Methode „Schnittmenge bilden" (M2) geeignete Fragen für das Interview. Jedes Kind notiert dabei zunächst für sich auf seiner Seite des Doppelkreises Fragen, die sich die Partner gegenseitig vorstellen. Danach wählen sie gemeinsam die besten aus. Diese werden in die Schnittmenge der beiden Kreise geschrieben.

Die Gruppe für den **5. Arbeitsschritt** besteht aus den Tandems der Interviewgruppe. Diese stellen sich ihre Fragen vor und streichen Doppeltes. Danach werden die Fragen nummeriert, sodass eine sinnvolle Reihenfolge entsteht, und auf M3 eingetragen.

Im **6. Arbeitsschritt** führen die Teams aus organisatorischen Gründen nachmittags ihre Interviews durch.

Im **7. Arbeitsschritt** werden im Team aus den Fragen und Antworten Texte verfasst. Das Auftrags- und Merkblatt M4 dient dabei als Anleitung. Eine Schreibkonferenz zur Überarbeitung, ähnlich wie in LS 06, bietet sich an. Die fertigen Berichte können vorgestellt oder in einer Wandzeitung veröffentlicht werden.

✓ Merkposten

M1 erhält jedes Kind. M2 sollte idealerweise auf A3 vergrößert werden und wird im halben Klassensatz benötigt. M3 und M4 werden für jede Gruppe einmal kopiert.

Hinweis

Obwohl sich bei Teamarbeiten die Bildung von Zufallsgruppen bewährt hat, gibt es doch auch Unterrichtssituationen, bei welchen sich die Bildung von Neigungsgruppen aufdrängt. Beim vorliegenden Arrangement zum Beispiel erleichtert diese Variante die Durchführung des Interviews.

LS 08.M1 Wörtliche Rede

08 Ein Interview zu Berufen durchführen und darüber berichten

Geschlossene Fragen
Geschlossene Fragen sind Fragen, bei der die Antwortmöglichkeiten bereits vorgegeben sind.

Möglichkeit 1: **Ja** oder **nein**?
→ Magst du Himbeereis?
→ Hast du dein Hausaufgaben schon gemacht?

Möglichkeit 2: **Dieses** oder **jenes**?
→ Sollen wir mit dem Fahrrad oder mit dem Bus fahren?
→ Magst du lieber Himbeereis oder Zitroneneis?

Vorteil: Man erhält sehr genaue Antworten.
Nachteil: Die Antwort ist schnell gegeben und man muss eine neue Frage stellen.

Offene Fragen
Offene Fragen halten die Antwortmöglichkeiten offen.
Das heißt, dass der Befragte alles antworten kann, was ihm wichtig erscheint.
Offene Fragen sind oft W-Fragen (Was?, Wie?, Wie oft?, Wie lange?, Warum?).

Beispiele:
→ Was machst du am liebsten in deiner Freizeit?
→ Was finden Sie an Ihrem Beruf besonders interessant?

Für Interviews eignen sich vor allem offene Fragen, da man ja möglichst viel von seinem Gesprächspartner erfahren möchte, ohne ständig eine neue Frage stellen zu müssen.

A1 Sind die Fragen offen oder geschlossen? Kreuze an.

	offen	geschlossen
Wie viele Wochen Schulferien habt ihr in der Schweiz?		
Magst du Gummibärchen?		
Welche Süßigkeiten magst du gerne?		
Willst du lieber ins Kino oder in ein Konzert?		
Wie stellst du dir deine neue Schule vor?		
Weshalb hast du die Schule gewechselt?		
Ist das Fahrrad gelb oder orange?		
Wieviel hat deine neue Mütze gekostet?		
Unterscheiden sich die beiden Bücher?		

A2 Besprich deine Lösungen mit deinem Tandempartner.
Findet anschließend selbst ein Beispiel für eine offene Frage und notiert es.

Deine Ideen, meine Ideen? Schnittmenge bilden

A1 Welche Fragen könnte deine Interview-Gruppe dem Experten zu seinem Beruf stellen? Schreibe sie in deinen Kreis (Einzelarbeit). Überlege dir möglichst offene Fragen.

A2 Tausche dich mit deinem Partner aus. Schreibt die Fragen, auf die ihr euch einigen könnt, in die Schnittmenge. Ihr könnt die Fragen auch verändern oder neue dazu schreiben.

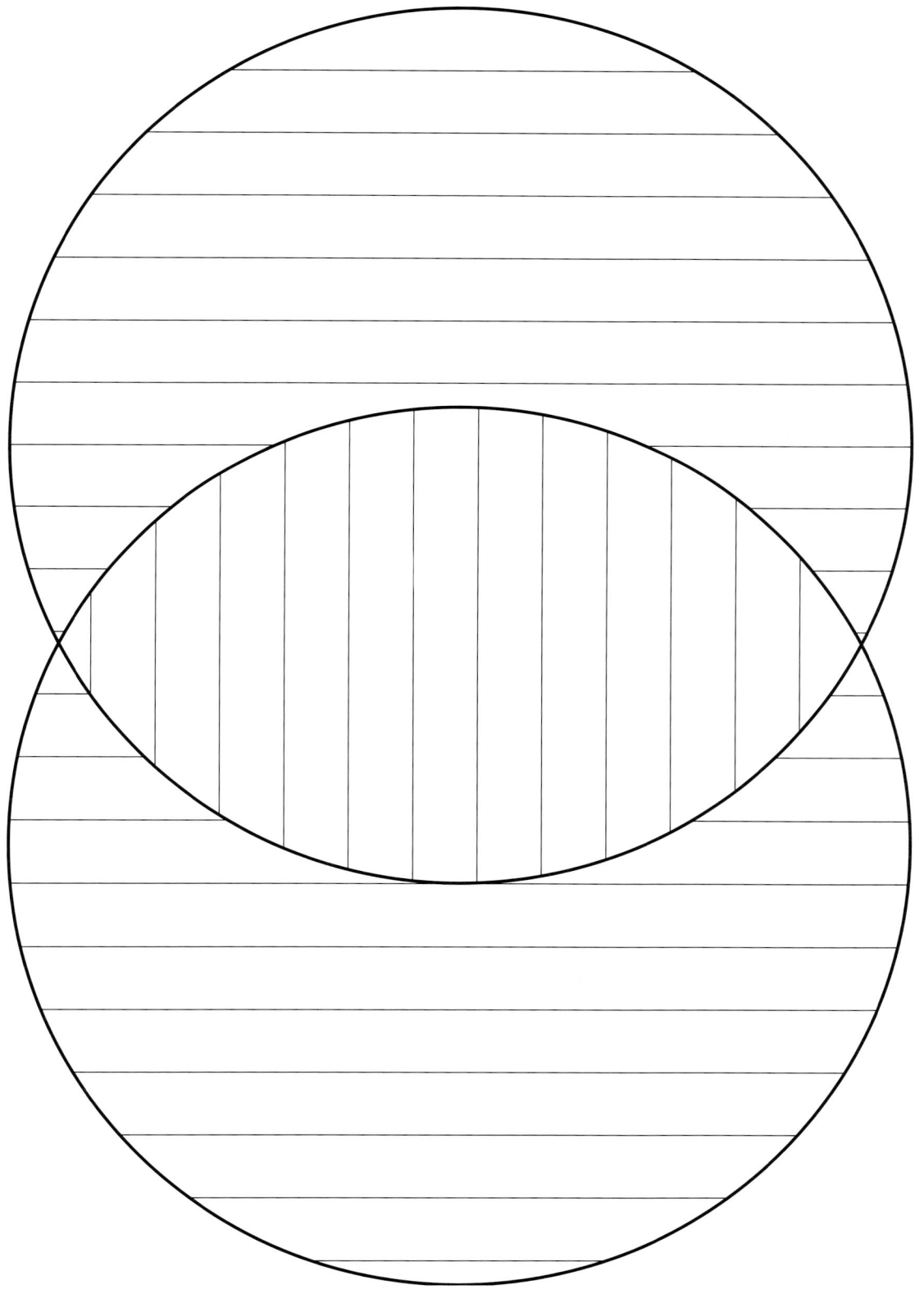

LS 08.M3 — Wörtliche Rede

Unser Plan für ein Interview

Befragter: _____   Interview-Datum: _____

Interview-Team: _____   Seite: _____

Frage: _____
_____

Antwort: _____
_____
_____
_____

Frage: _____
_____

Antwort: _____
_____
_____
_____

Frage: _____
_____

Antwort: _____
_____
_____
_____

Anleitung und Tipps für einen Interview-Artikel

Den Interview-Artikel schreibt ihr im Gegensatz zu einem Bericht in der Zeitform Präsens.

Einleitung

Beginnt euren Interview-Artikel mit einer kurzen Einleitung, die den Befragten vorstellt.

Hauptteil

Schreibt nun auf, was ihr über den Beruf der Person im Interview erfahren habt. Dabei gibt es drei Möglichkeiten.

Redewiedergabe (indirekte Rede)
Bsp.:
Herr Müller gibt zu bedenken, dass die Aufgaben eines Feuerwehrmannes sehr vielseitig seien. Neben dem Löschen von Bränden würde auch das Bergen von Unfallopfern und Tieren zum Beruf gehören.

Umschreibungen und Zusammenfassungen
Für eure Leser ist es anstrengend, wenn ihr den Artikel vollständig in Redewiedergabe (indirekter Rede) schreibt. Einige Antworten können gut zusammengefasst werden.

Bsp:
Aus...
„Es ist schon anstregend, wenn man mitten in der Nacht raus muss. Auch dass man immer erreichbar sein muss ist wirklich nervig. Manche Leute stören einen auch bei der Arbeit, weil sie im Weg stehen und glotzen, man nennt sie Gaffer. Manche Einsätze dauern auch ziemlich lange, das kann einen dann schon auch ziemlich stressen."

Wird...
→ *Als besonders belastend an seinem Beruf empfindet Herr Müller, wenn er nachts raus muss, den Bereitschaftsdienst, lange Einsätze und wenn ihn Gaffer bei seiner Arbeit stören.*

Wenn ihr hauptsächlich diese Form für euren Text verwendet, wird der Interview-Artikel gut verständlich und nicht zu lange.

Wörtliche Rede
Besonders wichtige Antworten des Befragten könnt ihr in wörtlicher Rede wiedergeben.

Bsp.:
Müller betonte: „Wichtig ist für die Berufsfeuerwehr die Unterstützung der Freiwilligen Feuerwehr."

Schluss

Ein Schlusssatz, in dem ihr ausdrückt, dass der Befragte euch interessante Infos zu seinem Beruf gegeben habt, rundet euren Artikel ab.

Lösungen

Lerneinheit 1: Zeitformen

LS01.M2 S. 7
Unregelmäßige Verben:
haben, essen, müssen, halten, gelten, sehen, können, erhalten, nehmen, werden, wissen, dürfen, wollen, sein

LS02.M2 S. 11

Grundform	Präsens (Gegenwart)	Präteritum (Vergangenheit 1)
leben	sie lebt	sie leb**te**
sein	sie ist	sie **war**
gestalten	sie gestaltet	sie gestalte**te**
befinden	sie befindet sich	sie be**fand** sich
wohnen	sie wohnen	sie wohn**ten**
spielen	sie spielt	sie spiel**te**
kaufen	sie kauft	sie kauf**te**
waschen	sie wäscht	sie **wusch**
bügeln	sie bügelt	sie bügel**te**
kochen	sie kocht	sie koch**te**
zaubern	sie zaubert	sie zauber**te**
fliegen	sie fliegt	sie **flog**
unterhalten	sie unterhält sich	sie unterh**ie**lt sich
pfeifen	sie pfeifen	sie **pf**iffen
verschwinden	sie verschwindet	sie ver**schwand**
wissen	er/sie/es weiß	er/sie/es **wusste**
aufpassen	wir passen auf	wir pass**ten** auf
schauen	wir schauen	wir schau**ten**
sehen	wir sehen	wir s**ah**en

LS02.M3 S. 12
Merksatz:
Das Präteritum wird auch Vergangenheit 1 genannt.
Man verwendet das Präteritum vor allem beim schriftlichen Erzählen.
Daher nennt man es auch Erzählzeitform.
Fabeln, Märchen, Nacherzählungen, Berichte und die meisten Geschichten
werden in dieser Zeitform geschrieben.
Bei regelmäßigen Verben wird bei der Präsensform ein -t-, ein -e, ein -te-
oder ein -et eingefügt. Je nachdem, in welcher Person das Verb steht.
Bei unregelmäßigen Verben ändert sich oft der Selbstlaut im Inneren des Verbs.

LS02.M4 S. 13
Die versunkene Glocke
war, herrschte, hatten, bestimmten, musste, stellten, sollte, fanden, lag, kannte, war, war, holten, schafften, ging, rollten, warfen, war, zog, schnitt, interessierten, tat, erklärte, markierte, befand, lobten, gab, fuhren, sollte, gestaltete, war, befand, war, tauchte

LS04.M1 S. 20
A1
Zukunft, werden, Pläne, Versprechen

LS05.M1 S. 25
Zeitangaben im Text:
Morgen, letzten Sommer, vergangenen Urlaub, immer wieder, in aller Frühe, nachdem, am Morgen, vorher, jeden Tag, seit Wochen, immer, jedes Jahr, vor vielen Jahren, nie wieder, damals

LS06.M1 S. 29
A2
a) Lena hüpfte im Schwimmbad vom 5-Meter-Brett.
b) Luca hat ihn schon von weitem gesehen.
c) Raphael wird im Hallenbad 10 Bahnen schwimmen.
d) Lina denkt lange darüber nach.

LS06.M4 S. 31

(Kreuzworträtsel-Lösung:)
1 G, 2 S, 3 H, 4 A
5 WUSSTE, O, A, 6/7 LIEHEN
W, 8 LEBT, R, G
10 MA, 11 WIRST, 12 GETANZT, E
E, T, E, 9 L, N, 13 LOG
14 SCHRIE, N, C, H, M
T, E, 15 GEGESSEN, M
16 TRAF, T, E, N

Lerneinheit 2: Wörtliche Rede

LS03.M1 S. 46
A2
Lösung siehe S. 47

LS03.M4 S. 49
A1
Biomüll – zu schade für die Tonne!
„He", ruft Katja, „was machst du denn da?"
„Ich werfe meine Bananenschale in die Mülltonne, warum?", antwortet Emil.
„Aber dafür", seufzt Katja, „gibt es doch jetzt die neue Biotonne!"
„Ach ja", fragt Emil verdutzt, „und was soll das bringen?"
Sie erläutert: „Da in unserem Restmüll immer noch eine Menge wertvolle Energie drinsteckt, wird er gesammelt und verwertet."
„Und was bitteschön", will Emil wissen, „kann man daraus machen?"
„Kleine Bakterien machen daraus Biogas. Das Gas wird anschließend verbrannt und so Strom erzeugt", erläutert Katja.
„Das", gibt Emil zu, „ist ja eine richtig tolle Sache!"

A2

1) Der Lehrer seufzt: „Das gibt es doch nicht, dass du es schon wieder vergessen hast!"
2) „Das gibt es doch nicht, dass du es schon wieder vergessen hast!", seufzt der Lehrer.
1) Philip ruft: „Wenn ich einmal groß bin, will ich Tierarzt werden."
2) „Wenn ich einmal groß bin, will ich Tierarzt werden", ruft Philip.

LS04.M1 — S. 51

Sagt die Maus: „Elefant, komm mal raus aus dem Wasser!"
„Nein", antwortet der Elefant, „ich schwimme gerade so schön!"
„Bitte Elefant!", bettelt die Maus.
„Also gut", seufzt der Elefant und steigt aus dem Wasser.
„Gut", meint die Maus, „du kannst wieder reingehen."
Da schimpft der Elefant: „Sag mal, kannst du mir mal erklären was das sollte?"
„Ich wollte nur sehen, ob du meine Badehose anhast", entschuldigt sich die Maus.

LS04.M2 — S. 52

Regeln der wörtlichen Rede
Anführungszeichen, Redesatz, Redebegleitsatz, eingeschoben, Doppelpunkt, Komma, Punkt, Kommas

LS04.M3 — S. 53

- „Die deutsche Mannschaft hat 3 Tore erzielt", berichtet der Reporter.
- Isabel erkundigt sich: „Wer war das?"
- Raphael bittet Julia: „Kannst du mir eine Tintenpatrone leihen?"
- „Los doch, schießt ein Tor", feuert Caspar seine Mannschaft an.
- Hannah jammert: „Ich habe solche Zahnschmerzen."
- „Hallo Herr Müller", begrüßt Helene den Direktor.
- „Wie geht es dir heute?", will die Lehrerin wissen.

LS04.M7 — S. 56

- „Kann ich mal die Marmelade haben?" – bitten
- „Das ist ja der Wahnsinn, wie schwer dieser Schrank ist." – ächzen
- „Wenn du das noch einmal machst, bekommst du Ärger mit mir." – knurren
- „Wenn du wüsstest, was ich weiß…" – murmeln
- „Komm sofort hierher zu deinem Herrchen, Struppi!" – befehlen
- „Das ist er, unser Superstar" – kreischen
- „Ach bitte Mama, ich will diese eklige Suppe nicht essen." – quengeln
- „Mein großer Bruder hat mich schon wieder geärgert" – heulen
- „Immer muss ich so früh ins Bett gehen" – beschweren
- „Ich denke, dass ich ein neues Fahrrad zum Geburtstag bekomme" – vermuten

LS07.M1–3 — S. 68 ff.

A2

Richtig sind folgende Sätze:
Sein Vater meinte, er könne mitkommen.
Sein Vater meinte, dass er mitkommen könne.
Sein Vater meinte, er würde mitkommen können.

LS07.M4 — S. 71

1) Der Lehrer versprach, es gäbe keine Hausaufgaben.
   Der Lehrer versprach, dass es keine Hausaufgaben gäbe.
   Der Lehrer versprach, es würde keine Hausauggaben geben.
2) Hannah lobte, das Essen schmecke ihr gut.
   Hannah lobte, dass das Essen ihr gut schmecke.
   Hannah lobte, das Essen würde ihr gut schmecken.
3) Der Feuerwehrmann erklärte, er hole manchmal Katzen von Bäumen.
   Der Feuerwehrmann erklärte, dass er manchmal Katzen von Bäumen hole.
   Der Feuerwehrmann erklärte, er würde manchmal Katzen von Bäumen holen.
4) Philip erzählte, er besuche in den Ferien seine Oma in Kenia.
   Philip erzählte, dass er in den Ferien seine Oma in Kenia besuche.
   Philip erzählte, er würde in den Ferien seine Oma in Kenia besuchen.
5) Die Maus versprach, sie könne in der Not helfen.
   Die Maus versprach, dass sie in der Not helfen könne.
   Die Maus versprach, sie würde in der Not helfen können.
6) Der Löwe sagte stolz zur Maus, sie könne ihm niemals helfen.
   Der Löwe sagte stolz zur Maus, dass sie ihm niemals helfen könne.
   Der Löwe sagte stolz zur Maus, sie würde ihm niemals helfen können.

Glossar

Doppelkreis (auch Kugellager): Die Schüler sitzen oder stehen sich in einem Innen- und Außenkreis paarweise gegenüber und halten sich wechselseitig Vorträge, führen Interviews etc. Die Hälfte der Klasse ist also mündlich aktiv.

Einzelarbeit (EA): Die Schüler sind bei der Bearbeitung des jeweiligen Arbeitsauftrags auf sich alleine gestellt und gehen in Stillarbeit daran, bestimmte Aufgaben zu lösen.

Expertengruppe: Dieser Begriff ist doppeldeutig: Von einer Expertengruppe kann zum einen dann die Rede sein, wenn alle Gruppenmitglieder parallel am gleichen Thema arbeiten und diesbezüglich zu Experten werden (siehe auch Stammgruppe), eine Expertengruppe liegt aber auch dann vor, wenn die einzelnen Gruppenmitglieder Spezialisten für unterschiedliche Gebiete sind (siehe auch Mischgruppe).

Gruppenarbeit (GA): Die Schüler arbeiten in Kleingruppen mit in der Regel 3–5 Mitgliedern zusammen. Die Gruppenarbeit kann aufgabengleich oder aufgabendifferenziert angelegt sein.

Gruppenpuzzle: Bei einem Gruppenpuzzle werden zunächst Ausgangsgruppen gebildet. Jeder Gruppe wird eine eigene Aufgabe gestellt, sodass Expertengruppen entstehen. Diese sammeln Informationen, lösen Aufgaben, usw. Später werden neue Gruppen aus unterschiedlichen Expertengruppen gebildet, sodass sich die Gruppenteilnehmer gegenseitig über ihre Aufgaben, Problemlösungen und gesammelten Sachinformationen austauschen können.

Ideenspeicher/Wortspeicher: Methode zum Sammeln und Strukturieren von Ideen, mit dem Ziel der Arbeitserleichterung zu einem späteren Zeitpunkt.

Kooperative Präsentation: Zum Abschluss einer Gruppenarbeit präsentieren zwei oder mehr Schüler das jeweilige Gruppenergebnis. Die Präsentatoren können ausgelost werden. Die Präsentation muss so vorbereitet werden, dass die betreffenden Sprecher in etwa gleichgewichtig zu Wort kommen.

Losverfahren: Die Schüler werden nach dem Zufallsprinzip gruppiert. Das kann durch Abzählen, Nummern auf Arbeitsblättern oder durch Ziehen von Spielkarten, Puzzleteilen, Symbolkarten, Namenskarten etc. geschehen.

Marktplatz: Platz im Klassenzimmer oder auf dem Flur, wo sich die Schüler ihre jeweiligen Arbeitspartner nach Interesse, Neigung oder nach einem gemeinsamen Arbeitsschwerpunkt treffen können.

Mindmap: Ideennetz zum Ordnen oder sammeln von Gedanken. In die Mitte eines Papiers wird zunächst das Thema geschrieben, wovon Schlüsselwörter abzweigen. Diese können weiter verzweigt werden, indem den Schlüsselwörtern Unterpunkte/Ideen zugeordnet werden. Auch passende Zeichnungen sind möglich.

Partnerarbeit (PA): Die Schüler arbeiten paarweise und berichten und unterstützen sich gegenseitig.

Plenum (PL): Arbeitsphasen, in denen die Gesamtgruppe der Schüler angesprochen wird – durch Lehrervorträge, lehrergelenkte Unterrichtsgespräche oder Schülerpräsentationen.

Schnittmengen-Methode: Verfahren, bei dem durch Nutzung einer grafischen Struktur – zwei ineinandergreifende Kreise – Ideen zweier Schüler zusammengeführt werden. Zuerst werden die Außenbereiche der Kreise von beiden individuell mit den persönlichen Einfällen beschriftet. Im Anschluss daran findet ein Austausch der Ideen statt, mit dem Ziel eine „Schnittmenge" zu bilden. Gedanken, auf die sich beide einigen können, werden in die Schnittmenge der beiden Kreise geschrieben.

Spickzettel: DIN-A7-Kärtchen, auf dem sich ein Schüler das Wichtigste zu einem bestimmten Thema stichwortartig notiert. Die Zahl der Wörter kann z.B. auf 10 begrenzt werden; Skizzen, Symbole und andere grafische Elemente können hinzukommen. Der Spickzettel sollte gut strukturiert sein und dient z.B. als Lernhilfe oder als Gedächtnisstütze bei Präsentationen.

Stafettenpräsentation: Die Schüler stehen im gestaffelten Halbkreisen vor der Pinnwand/Tafel und heften ihre vorbereiteten Stichwortkarten nach und nach an. Jeder hat in der Regel nur eine Karte und muss von Fall zu Fall entscheiden, ob und wie er sich anschließen möchte.

Tandemarbeit (TA): siehe auch Partnerarbeit.

Textlupe: Die Schüler verfassen Textentwürfe und tauschen diese in einer Kleingruppe aus. Jeder Text bekommt einen Rückmeldezettel, die Textlupe, mit auf den Weg. Jeder Gruppenteilnehmer liest nun die Texte der anderen Teilnehmer und versieht den Rückmeldezettel mit kurzen Kommentaren. Eine Überarbeitung schließt sich an.

Trial-and-Error-Methode: Verfahren, bei dem für unbekannte Probleme Lösungen durch Ausprobieren gesucht werden. Irrtümer und Fehler werden dabei in Kauf genommen und als Lernchance betrachtet.

Zufallsgruppe/Zufallstandem: Gruppen- bzw. Tandembildung mittels Abzählen, Spielkarten, Puzzlebildung, Namenskärtchen oder anderen Formen des Losverfahrens.

Weitere Begriffe finden Sie im Internet unter www.klippert-medien.de/glossar.